『勝鹿図志手くりふね』の世界

鈴木和明

Suzuki Kazuaki

文芸社

序

中世から江戸時代にかけて、江戸川の東側を東葛飾郡《ひがしかつしかごおり》（葛東《かっとう》）とよび、西側（現在の江戸川区・葛飾区・江東区）を西葛飾郡（葛西《かさい》）と呼んでいました。そして葛西を苗字として名乗る武将もいました。源頼朝に従った葛西三郎などがそうです。

東葛飾郡の内、その南側の地域を特に葛南《かつなん》と呼び、いまは少なくなりましたが病院や警察署、教育関係などに使われていました。東京の江東区などでは南葛《なんかつ》と言っていたのです。

行徳金堤の書『勝鹿図志手くりふね』は葛東の中でも行徳・船橋・市川（千葉街道沿いを中心とする）の名所旧跡を巡っています。南部地域の浦安及び松戸・柏・鎌ヶ谷などの北部地域は書かれていません。

江戸時代の地誌で葛飾というと東葛飾郡の北部地域は除外されていたようです。

『葛飾誌略』が地域としては最も広範囲に紹介しており、『葛飾記』は江戸時代中期と古く『葛飾誌略』よりもやや狭い地域に限定しています。

『勝鹿図志手くりふね』は俳諧の好事家向けに執筆された「かつしかの浦」を喧伝《けんでん》するための著者（行徳金堤）渾身の書です。本書の性格から広く一般に頒布《はんぷ》する書ではなく、俳諧の輩《ともがら》に金堤の意見を知らしむるための書という性格が強いものです。

筆者は『「葛飾誌略」の世界』『「葛飾記」の世界』『「勝鹿図志手くりふね」の世界』の三部作を著作し、行徳のあるいは葛飾の地誌に興味を持たれる多くの好事家の方々の座右の書としていただきたく願っています。

本書は次の点に留意して執筆いたしました。

一、本書の底本は『影印・翻刻・注解　勝鹿図志手繰舟』高橋俊夫編　崙書房　一九七五年七月三〇日発行を使用しました。

一、字句の検索にあたっては『広辞苑（第四版）』『新版漢語林』『福武古語辞典』を参照しました。

一、俳句の作者の紹介は筆者の検索に依るだけでなく、『勝鹿図志手ぐり舟　行徳金堤の葛飾散策と交遊録』宮崎長蔵著および『影印・翻刻・注解　勝鹿図志手繰舟』の注解を利用いたしました。一編にまとめた方が読者が利用しやすいと思ったからです。

一、収録にあたっては、原文を忠実に再現するよう努めました。

一、読みやすいように、また探しやすいように、原文にはない中見出しを付けました。

一、読みにくい難しい文字にはルビをふりました。また、すでに原文にカタカナあるいは（　）でルビがふられていたものは、そのままにいたしました。

一、原文の踊り字（繰り返し附号㈷〳〵）は読みやすく語句を繰り返して表記してあります。

一、解説部分の（注）については、参考文献の原文をそのまま使用するとともに、一部については旧字を新字に改めました。また、参考文献の原文にすでにルビがふられているときは原文を尊重してそのままのルビを使用しました。

一、本文中に（　）を付けて説明を加えた部分があります。

一、資料として巻末に『江戸砂子』『葛飾記』『葛飾誌略』『勝鹿図志手くりふね』『葛西志』『江戸名所図会』の紹介をしました。

本書の刊行が市川及び行徳の郷土史研究に役立つことができればこの上ない幸せです。

二〇一六年九月吉日

鈴木和明

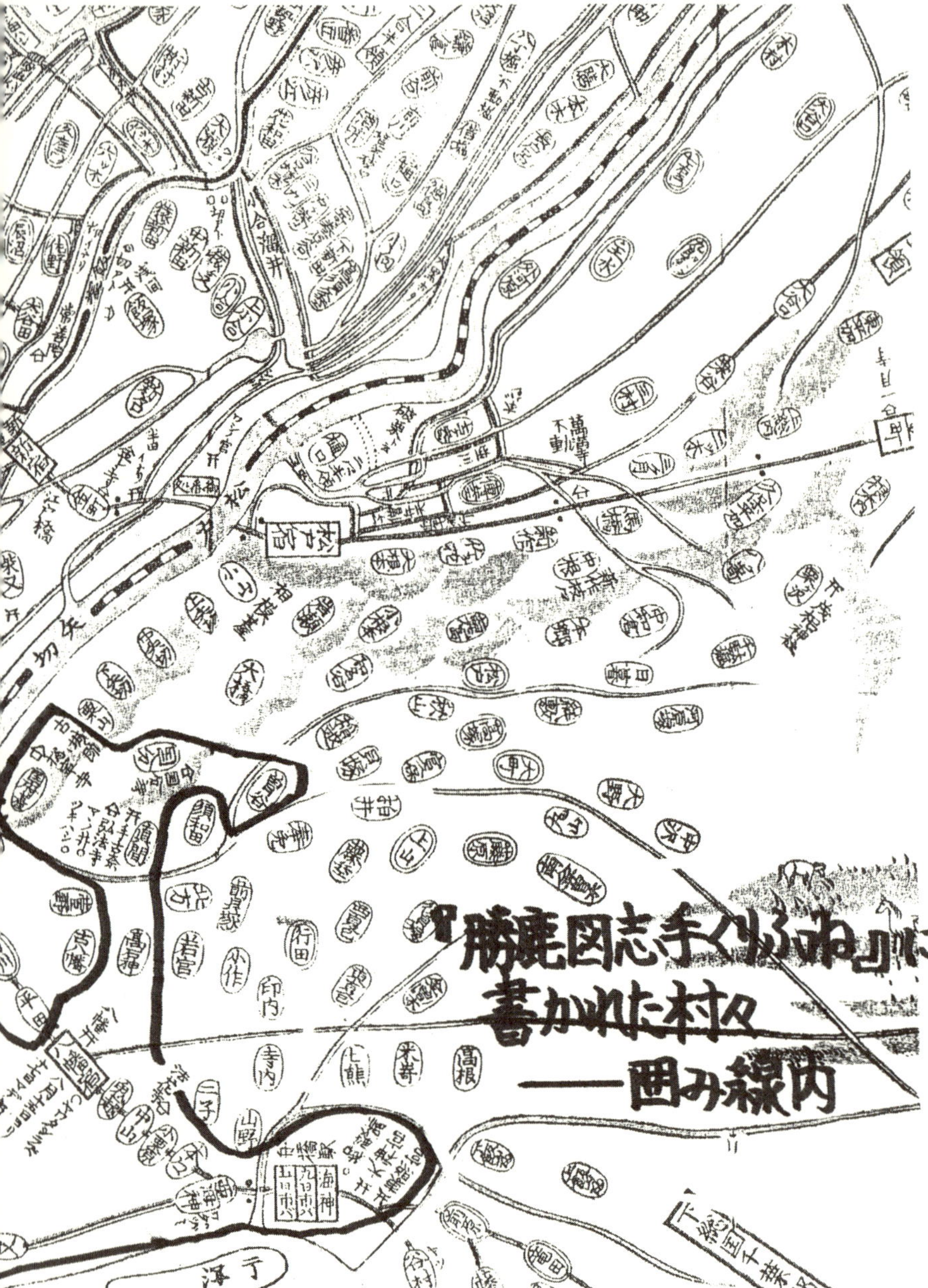

『勝鹿図志手くりふね』に
書かれた村々
——囲み線内
その(1)」市立市川歴史博物館
下総国千葉郡
松戸宿
大和田
若宮
高石神
行田
印内
寺内
小作

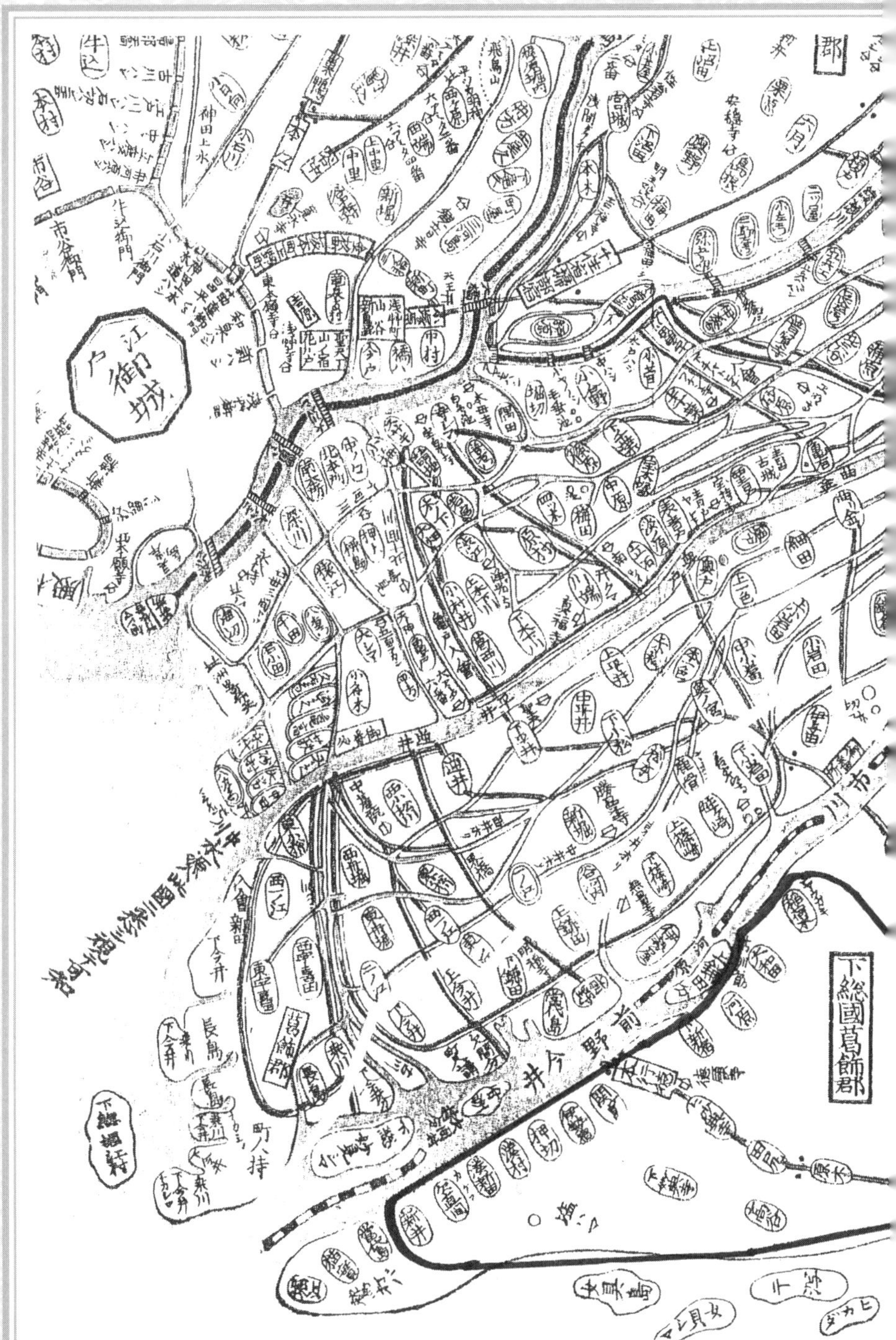

江戸近郊図・1844・弘化元年版「行徳レポー

『勝鹿図志手くりふね』の世界　目次

全国人士の俳句・漢詩集

勝鹿図志序

新井村《あらいむら》の名主《なぬし》行徳金堤《ぎょうとくきんてい》、江戸人士《えどじんし》に葛飾浦《かつしかうら》の図志《ずし》を贈《おく》る

夫能探二山水之勝一、発二之於賦詠一、伝二之於記述一、高人韻士之事、身有二余閑一也、至二於学士大夫一、則或奉レ親而愛二一日一、或勤レ学而惜二寸陰一、或鞅二掌王事一、或偈二促文法一、何暇能追二高士之蹤一乎、是故或雖レ歴二山水一、猶不レ能レ飽二観而饜覧之一也、如至二其甚一、則勝地雖レ在二数十里之近一、又猶不レ能三檐レ簦躡レ屩跋二渉游観之一也、何況其在二僻遠之郷窮裔之地一者乎、是臥游之不レ可二以已一、而図経図志之所二以興一也、荒井鈴木金堤、勝鹿図志、是亦図経之流亜、而比二之於西湖游覧之志、揚州画舫之録一、則雖レ譲二其精博一乎、然其假二学士大夫一、而為二臥游之用一、則一也、金堤新井里正、好レ学嫺レ辞善二世所謂俳偕者一、以二風流好事一自居、暇日著二作此志一、以賚二江戸人士一焉、夫行徳之地、違二江戸一不レ遠、一水直截、画舫可レ游、鵠台古塁、中山古寺、手児古祠、八幡船橋古廟、如至弘法之楓、利根之蘆、行徳之塩竈蜑戸、都人士女、猶有下未二目撃而親見一者上、此志亦何可レ闕乎、此志之所二図説一、皆予曽游之地也、予近二奔走仕路一、不レ能三復継二旧游一、志中諸勝、時或入二夢寝一耳、其最近者、猶不レ能三杖履逍遥游二観其間一、況於二其僻左者一乎、又況於二其絶遠者一乎、予也児女猶幼、婚嫁未レ了、豈得下超然二脱塵累一追中高人韻士之游上乎、天下

之生二長于佳山水一、或遊二歴之一者、能継二金堤此志一、図説以伝二之於世一則予雖レ不レ能レ踵二向子平
高蹤一猶能為二宗少文雅致一耳
文化十年歳次癸酉中元日吉田儒臣加賀大田元貞才佐父撰

(注) 文化《ぶんか》十年歳次《さいじ》 癸《みずのと》 酉《とり》 中《ちゅう》 元日《げんのひ》。文化十年は一八一三年、歳次《さいじ》とはとしまわりの意、中《ちゅう》 元日《げんのひ》とは陰暦《いんれき》七月十五日をいい、上元《じょうげん》は正月十五日、下元《かげん》は十月十五日。

(注) 大田元貞。大田錦城《きんじょう》。江戸後期の儒学者《じゅがくしゃ》。加賀《かが》の人。皆川湛園・山本北山に学び、また和漢の諸儒の説を広く研究し、折衷学派《せっちゅうがくは》を大成。加賀藩の儒官。著「論語大疏」「九経談」「梧窓漫筆」など。(一七六五〜一八二五)

(注) 大田錦城は、名を元貞または才佐《さいすけ》、字は公幹《こうかん》、号は錦城のほか春草翁、柳橋釣史。

(注)『十返舎一九《じっぺんしゃいっく》の房総道中記《ぼうそうどうちゅうき》』を校注《こうちゅう》した鶴岡節雄氏が解題《かいだい》の中で、大田錦城が『勝《かつ》鹿図志手《しかずして》くりふね』に寄稿した「序」について難解な漢文を解読されているので次にそれを全文紹介する。なお、解読文中の傍線は筆者が付した。荒井《あらい》とは新井のことであり、小林一茶も『七番日記』の中で荒井としている。

それよく山水《さんすい》の勝《しょう》を探《さぐ》り、これを賦詠《ふえい》に発《はっ》し、これを記述に伝《つた》う、高人韻士《こうじんいんし》のこと、身に余閑《よかん》あるなり。学士大夫《がくしたいふ》にいたれば、あるいは親を奉じて一日を愛し、あるいは学を勤《つと》めて寸陰《すんいん》を惜《お》しみ、あるいは王事《おうじ》を鞅掌《おうしょう》(いそがしくはたらく)し、あるいは文法に侷《きょく》

促《そく》（ちいさくなる）す。なんぞ暇《いとま》、高士の蹤《あと》を追わんや。この故《ゆえ》に、あるいは山水を歴《れき》すといえども、なお観《み》て饜覧《えんらん》（あきるほどみる）に飽《あ》くあたわざるなり。もしその甚《はなは》だしきにいたれば、勝地《かつのち》（葛飾のこと）、数十里の近くにありといえども、また、なお簦《からかさ》を担《かつ》ぎ、屩《くつ》を躡《は》き、これを遊観《ゆうかん》、跋渉《ばっしょう》するあたわざるなり。なんぞいわんや、僻遠《へきえん》の郷《さと》、窮《きゅう》裔《えい》（ばすえ）の地にあるをや。これ臥遊《がゆう》（ふしながら図面を見て、その地に遊びしごとく楽しむ）やむべからずして、図経《ずけい》、図志《ずし》の興《おこ》るゆえんなり。

荒井《あらい》、鈴木金堤《すずききんてい》、勝鹿図志《かつしかずし》、これまた図経の流亜《りゅうあ》（同類）、西湖遊覧《せいこゆうらん》の志《こころざし》、揚州画舫《ようしゅうがぼう》の録に比すれば、その精博《せいはく》をゆずるといえども、学士大夫の仮《か》りて臥遊《がゆう》の用となすの一なり。金堤、新井の里正《さとまさ》、学を好み、辞を嫺《なら》い、世にいわゆる俳諧《はいかい》を善《よ》くし、風流好事《ふうりゅうこうず》をもって自居《じきょ》。暇日《かじつ》、此《この》志を著作し、もって江戸人士《えどじんし》に賚《らい》す（おくる）。

それ行徳《ぎょうとく》の地、江戸を違《はな》れ、遠からず。一水直截《いっすいちょくせつ》（横ぎる）画舫《がぼう》遊ぶべし。（略）利根の蘆《あし》、行徳の塩竈蜑戸《しおがまたんこ》（あまの家）にいたりては、都人士女なおいまだ目撃して親しく見ざる者あり。此志またなんぞ闕《か》くべきや。

此志の図に説く所、皆、予《よ》、曽遊《そうゆう》（昔遊）の地なり。予、奔走《ほんそう》、仕《し》路（仕途）に近く、また旧遊《きゅうゆう》を継《つ》ぐあたわず。志中《しちゅう》の諸勝《しょしょう》、時にあるいは夢寐《むび》に入《い》るのみ。（略）予、また児女なお幼く、婚嫁いまだ了《おわ》らず。あに超然、塵累《じんるい》（俗世間のかかりあい）を脱し、高人韻士の遊《ゆう》を追《お》うを得《え》んや。

天下の佳山水に生長、あるいはこれを遊歴、よく金堤此志を継ぐ。図説もって世に伝うれば、予、子平《しへい》の高蹤《こうしょう》（足あと）に踵向《しょうこう》（あとにつづく）するあたわずといえども、なおよく沙文《さぶん》、雅致《がち》を宗《もと》となすのみ。〈もと漢文〉

文中、鶴岡節雄氏による（略）が二ケ所あるが漢文より参照のため抜き書きして追記すれば次の通り。漢文に傍線を施して示した。

鵠台古塁、中山古寺、手児古祠、八幡船橋古廟、如至弘法之楓

其最近者、猶不レ能三杖履逍遥游二観其間一、況於二其僻左者一乎、又況於二其絶遠者一乎

金堤は神垂《かむたれ》ます跡を訪ねその渡し守を任じ冊子《さっし》を出す

葛飾《かつしか》の浦《うら》をもて袖《そで》がうらとなん呼《よび》こしは、遠つとしふりにたれば、その事をしもわいだめなく、むげにうち過《すぎ》んは本意《ほんい》なきわざにこそといにしへしのぶものは、ここにすめる金堤なり。その常、誹《ひ》に画《え》に善《よ》ひつゝ、栖《すむ》は賤《しず》がしほ家に軒《のき》なみ青海原《あおうなばら》をふりさけて、東の都のみつぎ船に雲のむかふすかぎりにみちみち、日の御神《おんかみ》のふとまへに棹柁《さおかじ》ほさすと、もうさせたまふもかゝるをや。とまのほとりに薄く霧たついそ（磯）のめ（女）は、あけのそほぶねに国ぶり諷《うた》ふ。筑紫船《つくしぶね》ははてしなきゆふべもあかず。鈴舟《すずふね》の音をおもへば、風そよぐ蘆分《あしわけ》ぶねに暑さもわすれ、波の立《たち》ゐの高瀬舟《たかせぶね》にしづ心なき一葉《いちよう》の舟は月に棹《さお》さすうま人の須磨《すま》のむかしもおもはされ、千鳥《ちどり》なく夜しく道は星崎のやみも

しれたれ。みやひと《（雅人）》の情四時《しじ》やむときなし。こたび、このわたりの神垂《かむたれ》ます跡をたづね、あるはふるき御寺《みてら》のいはれをとひ、はた、よしある地の名をかい《（き）》つけ、遠近人《おちこち》の句をもつらねて、あめのかへたりきわみまで訪《おとな》ひ、船の睦《むつ》みふかく、金堤その渡しもりして、この道ながく繁《しげら》んと、まめごゝろのつな手なるをやがて手繰舟《てくりふね》と題して冊子《さっし》の表にのせてんと、わづかにその事をいふものは武陵漁老其堂《ぶりょうぎょろうきどう》

文化年秋八月《ぶんかねんあきはちがつ》壬申《みずのえさる》

（注）わいだめ。弁別。古くはワイタメ。区別《くべつ》。けじめ。わかち。この文章の意は、葛飾《かつしか》の浦《うら》を袖ヶ浦《そでがうら》などと昔からなんの区別もなしに使ってきたのは我が本意ではなく、古《いにしえ》の葛飾の浦という呼び名を偲《しの》ぶのは行徳に住む金堤である、ということであろう。

（注）あけのそほぶね。赤《あけ》のそほ舟。そほは塗料の赤土のこと。船の保全・装飾のために赤く塗った船のこと。

日の神の御前《おんまえ》に棹《さお》さし舵《かじ》とりて申《もう》させ給《たま》うのもこのようなことです。磯《いそ》の女《め》は朱《あけ》のそほ舟《ぶね》に国ふり（お国ぶりの意）を歌う、の意か。

（注）『葛飾記』の「葛飾浦」に次のようにある。

景物

松原、赤庵帆舟《アケノソホ》、沖津洲《おきつす》貝計《かいばか》り寄れる淵也《ふちなり》

（注）『葛飾誌略《かつしかしりゃく》』の「葛飾浦」の項に次のようにある。

此辺《このあたり》の浦をすべて云《い》ふ。古歌《こか》或《あるい》は歌枕等《うたまくらなど》にも多く載せたり。景物、松、かつしかの浦、朱《あけ》のそほ舟《ぶね》、沖津洲、など、読み遺《のこ》したり。

（注）万葉集巻三　二七〇　高市連黒人《たかちのむらじくろひと》の旅の歌八首より（『国民の文学２　万葉集』）

旅にして物恋しきに山下《やました》の赤《あけ》のそほ船《ぶね》沖にこぐみゆ

（旅にあって物こいしいのに、赤く塗った舟が沖にこぐのが見える）

（注）筑紫《つくし》とは九州の古称。また筑前《ちくぜん》・筑後《ちくご》を指す。筑紫船《つくしぶね》とは筑紫地方へ航海する船。筑紫の人の持ち船。

（注）万葉集巻四　五五六　賀茂《かも》女王が大友宿禰《すくね》三依に贈った歌一首より

筑紫船《つくしぶね》いまだも来《こ》ねばあらかじめ荒ぶる君を見るが悲しさ

（筑紫《つくし》の船がまだ来ないので、疎遠《そえん》になっている君に会うことが、今から悲しく思われます）　（『国民の文学２　万葉集』）

（注）とま。苫。菅《すげ》や茅《かや》を菰《こも》のように編《あ》み、和船の上部や小家屋を覆うのに用いるもの。

（注）蘆分《あしわけ》ぶね。葦《あし》の繁《しげ》った中をおしわけて進む船の事。差支《さしつか》えのあることにたとえることもある。

（注）鈴舟。すずふね。鈴をつけた船。

（注）一葉。いちよう。一枚の木の葉。（一隻の）小舟。
（注）四時。しじ。しいじ。春夏秋冬すなわち一年中の四つの時。四季。
（注）源氏物語《げんじものがたり》や芭蕉《ばしょう》の句《く》にあるように、雅《みやび》の心を持つ人の情はいつも変わりなく、行徳のわたりに神垂《かむたれ》ます跡を訪ね、寺のいわれを問い、土地の名を書き付け、遠近《おちこち》の人の句を手《た》繰《ぐ》り寄せ、金堤はその渡し守《もり》をして手繰舟《てくりふね》という冊子を出して金堤の想いを末永く知らせようと、そのことを云《い》うものは武陵《ぶりょう》漁老其堂《きどう》である、の意となるか。
武陵とは今の中国湖南省常徳県の地。漁老は年老いた漁師。其堂は人の名。

『影印・翻刻・注解　勝鹿図志手繰舟』の編者高橋俊夫氏によれば、『木すゝり集』（文政《ぶんせい》十年、一八二七）という編著もある俳人木硯舎其堂か、とある。

勝鹿浦記事

かつしかの浦と後世まで言い継ぐは世に目出度いこと

はるかにいにしへをおもふに国々処々《くにぐにしょしょ》の名におのおの唐文字《からもじ》（漢字のこと）ふたつづゝをさだめて地の名にあてしめたまひし後《のち》、諸国《しょこく》に風土記《ふどき》ありて、その地に名づけたるゆゑもよしもあきらかなりしとぞ。されど其書《そのしょ》はやくほろびて出雲国《いずものくに》（島根県の東部）の外《ほか》おほくつたはらねば、地に名付《なづけ》たるゆゑも今の世にてはしるべからず。わがすむかつしかは古くより名だゝる処《ところ》にて赤人《あかひと》虫麻呂《むしまろ》の詠《うた》をはじめ代々の哥《うた》まくらとなりて、久しくその名をうしなはず。古く真間《まま》の入江《いりえ》などつゞけしをみるに、むかしは此《この》あたりまで海のさし入《（いり）》たるならん。その形おろおろ見にたれば、今の行徳《ぎょうとく》といふあたりより、すべてひとつ浦にして此海辺《このうみべ》をひろくかつしかの浦とはいひしとおぼゆ。中頃何《なかごろなん》の人かいひそめけん、こゝを袖《そで》の浦《うら》とよびて句にもつくり或《あるい》はことのは（言の葉）などにも、やさしばみてかくいへり。もとより此処《このところ》は安房《あわ》の国《くに》より上下《かみしも》の総《ふさ》の国《くに》かけて立《たち》めぐりたる浦辺《うらべ》のありさま、おのづから袖のかたちにも似かよひたりしより、さも名付たらんものか。袖の浦、袖しが浦などはみな余国《よのくに》の名処《めいしょ》にして出羽《でわ》出雲《いずも》など抄物《しょうもつ》にも注《ちゅう》せれば此浦《このうら》の名ならぬことあきらけし。なぞふるくよりの名を捨て故《ゆえ》もなき袖の浦とはいふべきや。されば此後《こののち》こゝにあそばむ人のかりそめの筆のすさびも、たゞかつしかの浦としるべき事なるをや。さらばいにしへの名のいよいよあらはれて浦のみるめもやすらかに、かる(刈)も(藻)の玉のこと葉にも遠き後までいひつぎゆかむは世にめでたき事なるべし。此《この》ことを人にも告(つげ)んとおもふからに、浦辺《うらべ》によせある諸風士のことばをひろひて此さうしとはなしけるなり。

その浦の漁人金堤誌《ぎょにんきんていしるす》

(注)抄物。しょうもつ。室町時代《むろまちじだい》に作られた、漢籍《かんせき》の講義《こうぎ》の筆記録《ひっきろく》。

(注)漁人。ぎょにん。猟師。漁者。

(注)『葛飾記』より関連個所を記す。

　葛飾浦　又真間《まま》の入江共《とも》　袖師が浦とも

安房《あわ》、上総《かずさ》、下総《しもうさ》、武蔵《むさし》四ヶ国の入合《いりあ》ィ浦なり、西は、伊豆《いず》、相模《さがみ》の浦へ続く、則《すなわち》富士の嵩聳《みたけそびえ》出て、突兀《とっこつ》として蒼波《そうは》を覆圧《ふくあつ》す、関東不二山《ふじのやま》の余波《よは》の景、田子《たご》の浦にも減《オト》らざる景也《なり》、

(後略)

(注)『葛飾誌略』より関連個所を記す。

葛飾浦《かつしかのうら》　此辺《このあたり》の浦をすべて云《い》ふ。古歌《こか》或《あるい》は歌枕等《うたまくらなど》にも多く載せたり。景物、松、かつしかの浦、朱《あけ》のそほ舟《ぶね》、沖津洲《おきつす》、など、読み遺《のこ》したり。

真間浦《ままのうら》　是《これ》も此《この》浦の一名にて、古歌に多し。
袖ケ浦《そでがうら》　是も此浦の一名にて、発句《ほっく》等多し。但《ただ》し本名《ほんみょう》には非《あら》ず。此浦の景色《けしき》、袖の形に似たりとて、連俳《れんはい》の雅客《がきゃく》名付けしと也。
（後略）

（注）新井村の名主鈴木清兵衛《すずきせいべえ》、俳号《はいごう》行徳金堤あるいは鈴木金堤は、自序の中で『勝鹿図志手くりふね《かつしかずし》』編纂《へんさん》の趣旨《しゅし》を明確に記している。
古くからの名を捨て他国の名所の名を使うべきではない、かつしかの浦という古《いにしえ》からの名を永《なが》く後世《こうせい》まで引き継ぎ行くために、この事を人に告《つ》げ知らせようと思い、諸風士の言《こと》の葉《は》を拾《ひろ》い集めて（このことを漁師の言葉の「手くり」になぞらえている）この草紙《そうし》とする、のだという。

筆者も金堤の意見に同感する。新町名を命名する際には古来からの名称を使用すべきと考える。

◉行徳金堤とはどのような人物だったのか

〈金堤の本名〉　鈴木清兵衛（すずきせいべえ）　鈴木家の当主は代々清兵衛を襲名《しゅうめい》

〈金堤の職業〉　新井村の名主職

〈金堤の生没年〉

生年　宝暦《ほうれき》十三年（一七六三）頃と推定される。その翌年は明和元年《めいわがんねん》。明和六年（一七六九）に『塩浜由緒書《しおはまゆいしょがき》』が代官《だいかん》小宮山杢之進《こみやまもくのしん》により作成されている。この年、金堤六歳である。

没年　天保《てんぽう》七年（一八三六）一月十四日新井清兵衛父　戒名《かいみょう》　衆徳院彰誉行然居士《しゅうとくいんしょうよぎょうぜんこじ》

没年齢七十三歳と推測（『勝鹿図志手ぐり舟』及び『影印・翻刻・注解　勝鹿図志手繰舟』）。

墓は千葉県市川市湊《みなと》の浄土宗仏法山法伝寺《ほうでんじ》。戒名の中に「行」「徳」の文字がある。

金堤の墓は無縁《むえん》の墓を集めて作った万霊塔《まんれいとう》に組み込まれていまは所在が知れない。

「父」とあるのは、跡取《あとと》り息子《むすこ》が父親の金堤を葬《ほうむ》ったからである。名主だった鈴木家の当主は清兵衛を襲名《しゅうめい》したので新井清兵衛とあるのは金堤の跡を継いだ息子の清兵衛のことでである。金堤を葬った息子の清兵衛は、明治《めいじ》七年（一八七四）に新井小学校を設立した清兵衛である。

〈金堤の風貌《ふうぼう》〉

『勝鹿図志手くりふね』の跋文《ばつぶん》（あとがき）を書いた脇山退斎《わきやまたいさい》によれば、「金堤老人……その貌《かお》をみるに傀梧《かいご》（身体《からだ》のすぐれて立派《りっぱ》なこと）、その気佚宕《てっとう》（のびのびとして大きいこと、雄大《ゆうだい》）、想《おも》うにその中に名を樹功《じゅこう》（手柄をたてる）し……余《よ》（退斎のこと）老人を行徳に見る事いくたび、その初めその外貌《がいぼう》を視《し》す。思《おも》えらく衆人《しゅうじん》と異なるか、ややありてその志気《しき》（意気込《いきご》み）を察《さっ》し……」と述べている。

現代風に表現すれば、体格が大柄《おおがら》で、押し出しが良く、顔は一般の人とかなり違って見えて、熱情がほとばしるような意気込みがあり、性格はのびのびとしていて雄大で、経済的には恵まれた鷹揚《おうよう》な旦那《だんな》ぶりといえる。

余老人を行徳に見る事いくたび……というのは、脇山退斎本人が何度か行徳へ来ていたことを示している。また、金堤を「老人」として敬語を用いていることから、その当時の金堤の年齢は五十歳過ぎと考えられる。

◉金堤が生きた時代とは

金堤一〇歳までの間に本行徳で二度の大火があり、農民の頼みを聞き入れた元代官小宮山《こみやま》杢之進《もくのしん》による塩浜由緒書が作成される（明和《めいわ》六年、一七六九）。

金堤一八歳の頃、八代将軍吉宗《よしむね》から賜《たまわ》った行徳塩浜付村々《ぎょうとくしおはまつきむらむら》の朱印状《しゅいんじょう》が幕府《ばくふ》により取上げられてしまう（安永《あんえい》年間、一七七二〜八一）。この時代は気温が低く江戸川に氷が張り人馬《じんば》が往来《おうらい》できるほどだった。伊豆大島《いずおおしま》が噴火《ふんか》して雪の降る如《ごと》くに灰が降った。

金堤二〇歳の時、天明《てんめい》三年（一七八三）浅間山《あさまやま》の大噴火があり江戸川が血の色に染まって人馬の死骸《しがい》等が多数流されてきた。

金堤二三歳の年、天明《てんめい》六年（一七八六）古来稀《こらいまれ》なる大津波《おおつなみ》と洪水《こうずい》、水は民家の軒《のき》に達し、屋根を壊《こわ》して舟に乗った。一面の海。

金堤二七歳、寛政元年《かんせいがんねん》（一七八九）本行徳の浄土宗飯沢山浄閑寺《じょうかんじ》にて成田山新勝寺《なりたさんしんしょうじ》の不《ふ》動明王《どうみょうおう》が七昼夜開扉《ななちゅうやかいひ》された。不景気を打破するための一大イベントか。あるいは天災からの復興を祝ったか。

金堤二九歳、寛政《かんせい》三年（一七九二）小林一茶《こばやしいっさ》、房州《ぼうしゅう》を行脚《あんぎゃ》して本行徳新河岸《しんがし》から行徳船で江戸へ戻り、『寛政三年紀行《きこう》』を著《あらわ》す。一茶二九歳。

金堤三二歳、寛政七年（一七九五）浅間山噴火横死者供養《あさまやまふんかおうししゃくよう》の十三回忌法要《かいきほうよう》が新井村延命寺《あらいむらえんめいじ》で執《と》り行《おこな》われ、そのときに、石地蔵《いしじぞう》が建立《こんりゅう》される。新井村名主だった金堤も当然かかわっていただろう。石地蔵は現代では首切《くびき》り地蔵と呼ばれている。

金堤三四歳、寛政九年（一七九七）浄土真宗仏性山法善寺《ほうぜんじ》に芭蕉《ばしょう》の句碑《くひ》「宇《う》たがふな潮《うしお》の華《はな》も浦の春」が建立され、潮塚《しおづか》と称される。出資者戸田麦丈《とだばくじょう》、堀木以閑《ほりきいかん》、及川鼠明《おいかわそめい》三名の名は『勝鹿図志手くりふね』にはない。その三名は図志編纂の時にすでに亡くなっていたか。

金堤四四歳、文化《ぶんか》四年（一八〇七）幕府勘定役中川瀬平差配《かんじょうやくなかがわせへいさはい》の塩浜囲堤《しおはまかこみづつみ》六八七四間（約一二・四キロ）を新井村から二俣村《ふたまたむら》まで築く大工事にかかわっていた。この年、永代橋《えいだいばし》崩落《ほうらく》。徳願寺門前《とくがんじもんぜん》に供養塔《くようとう》が建てられる。

金堤四七歳、文化七年（一八一〇）『葛飾誌略《かつしかしりゃく》』刊行される。著者馬光《ばこう》か。

金堤四九歳、文化九年（一八一二）新河岸に成田山常夜燈《じょうやとう》が建立される。

金堤五〇歳、文化十年（一八一三）『勝鹿図志手くりふね《かつしかずしてくりふね》』を刊行。この年、滝沢馬琴《たきざわばきん》『南総里見八犬伝《なんそうさとみはっけんでん》』を構想。

金堤五二歳、文化十二年（一八一五）小林一茶、新井村の金堤宅に到着、金堤を伴って高《こう》谷《や》の真言宗海岸山安養寺《あんようじ》に住職の一由和尚《いちゆおしょう》を訪ねて宿泊。一由和尚も『勝鹿図志手くりふね』に俳句を寄稿《きこう》している。

金堤五三歳、文化十三年（一八一六）小林一茶、金堤宅に宿泊。翌日茨城県に向けて出立、別れを惜しんだ金堤は金一片《きんいっぺん》を贈る。

金堤六三歳、文政《ぶんせい》十年（一八二七）小林一茶没《ぼつ》、享年《きょうねん》六三歳。文政年間は天災が相次いだ時代だった。

金堤七三歳、天保《てんぽう》七年（一八三六）正月十四日、金堤没。ここ数年は天候不順が続いていたが、いよいよこの年から天保の大飢饉《だいききん》が始まる。この年は二月から雨が降り続き、塩浜稼《かせ》ぎは皆無《かいむ》だった。野菜もまったく育たなかった。同年七月十八日、稀《まれ》なる大津波が押し寄せて、行徳の塩浜囲堤、新田堤《しんでんづつみ》ともに大破、土船《どぶね》、竈屋《かまどや》、民家などが潰《つぶ》れた。

金堤の活躍した時代は、まことによき時代だったといえる。

金堤の鈴木清兵衛家は昭和の時代になっても「名主《なぬし》さま」という屋号《やごう》だった。屋号に「さま」がつくのは、行徳広しといえども清兵衛家だけだった。

（参考文献『行徳の歴史・文化の探訪1』所収「行徳金堤と小林一茶の交遊」）

金堤直筆の内題

▲金堤画（行徳周辺図）

金堤は画心もあり多才だった

続後撰《しょくごせん》　藤原道隆

かつしかの浦まの浪《なみ》のうちつけに
　見そめし人の恋しきやなぞ

葛飾浦《かつしかのうら》ハ行徳領三拾余ケ村也《はぎょうとくりょうさんじゅうよかそんなり》

（注）行徳領三拾余ケ村とは、堀江《ほりえ》・猫実《ねこざね》・当代島《とうだいじま》・新井《あらい》・欠真間《かけまま》・湊新田《みなとしんでん》・湊《みなと》・押切《おしきり》・伊勢宿《いせじゅく》・関ヶ島《せきがしま》・本行徳《ほんぎょうとく》・行徳新田《ぎょうとくしんでん》・下新宿《しもしんしゅく》・河原《かわら》・上妙典《かみみょうでん》・下妙典《しもみょうでん》・大和田《おおわだ》・稲荷《とうか》木《ぎ》・田尻《たじり》・高谷《こうや》・原木《ばらき》・二俣《ふたまた》・葛飾《かつしか》・二子《ふたご》・本郷《ほんごう》・西海神《にしかいじん》・海神《かいじん》・船橋《ふなばし》・山野《やまの》・印内《いんない》・寺内《てらうち》を含む。

（注）金堤には画《え》ごころもあった。多才である。画中《がちゅう》に竈家《かまどや》が描かれ煙を上げている。海岸沿いの樹林は当然松林あるいは松並木であろう。それを汐垂松《しおだれまつ》と呼ぶ。金堤の『勝鹿図志手くりふね』よりも後年《こうねん》になって出版された『江戸名所図会《えどめいしょずえ》』に「行徳汐濱《しおはま》」の図があり、金堤画とどことなく似てはいるが、金堤画の特徴は行徳塩浜全体を画《えが》いていること、江戸川

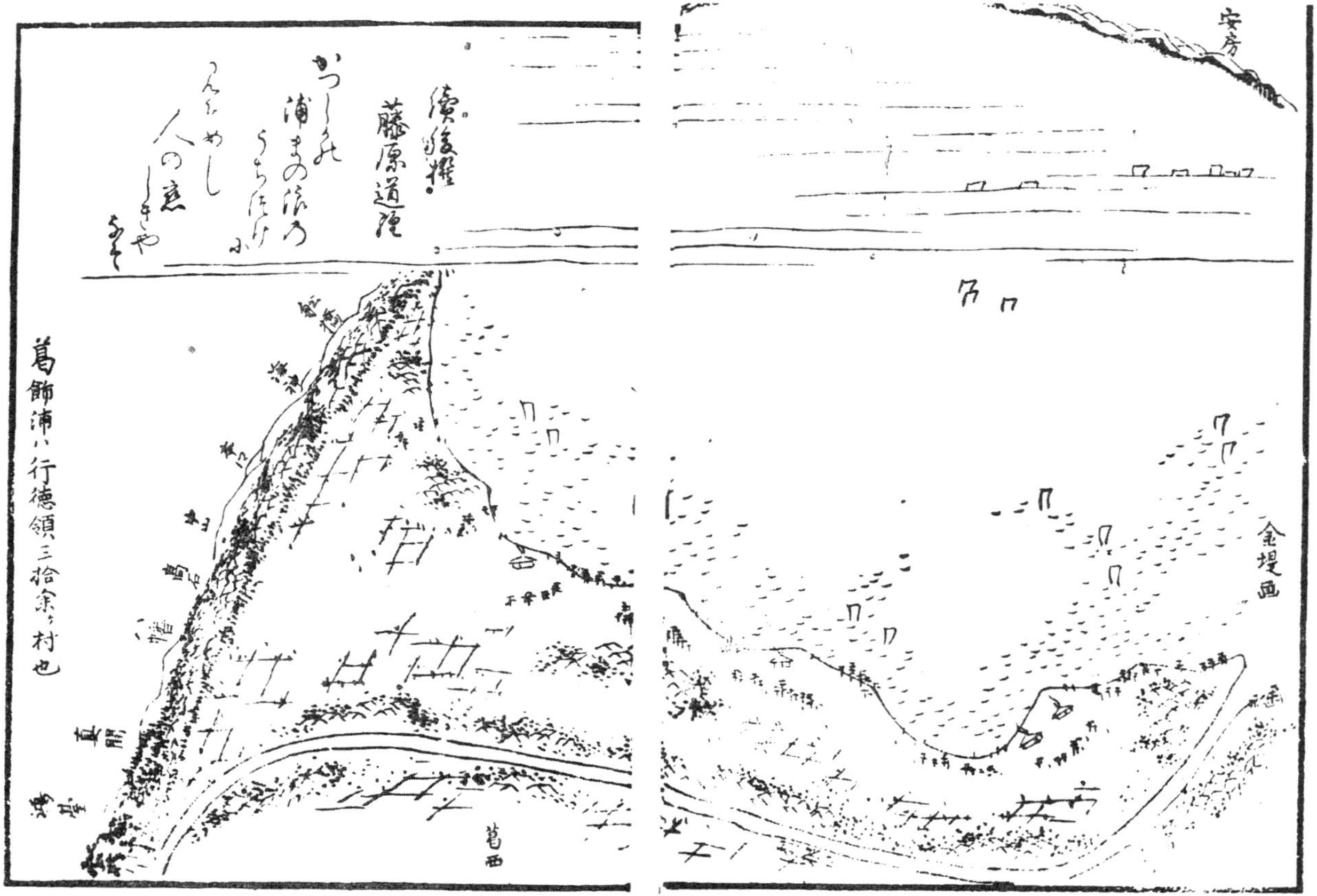

金堤画（行徳周辺図）

と松戸《まつど》・佐倉道《さくらみち》（千葉街道、国道一四号線）を画中《がちゅう》に収めていることであろう。

▲竈家図《かまどやのず》

詳細で貴重な説明文がある金堤画

塩焼竈屋《しおやきかまどや》凡《およそ》竪《たて》六間《けん》横五間此内《このうち》に下に図する塩竈有《しおかまどあり》。竈屋に続きて屋根ばかりなるは潮《しお》垂水溜置所也《たれみずためおきどころなり》。是《これ》を土船《どぶね》と云《いう》。

竈後《かまどのうしろ》に灰抜穴有《はいぬきあなあり》。竈尻《かまじり》と云。

塩焼竈《かまど》凡弐《に》間四方《しほう》。竈高《かまどたか》サ凡弐尺《しゃく》。

（注）金堤画は詳細で貴重な説明文もある。

釜《かま》は焼貝殻粉粘土《やきかいがらふんねんど》吊釜《つりがま》（貝釜《かいがま》という）で、貝殻《かいがら》を焼いて細かく砕《くだ》いたものと東京湾の粘土《ねんど》を練《ね》り合わせて造ったもの、綱《つな》で吊るしているものはその釜で、竈《かまど》で焚《た》く火が釜の底に当るように釜全体を吊るしている。

土船《どぶね》は釜へ投入する鹹水《かんすい》を貯蔵する入れ物。

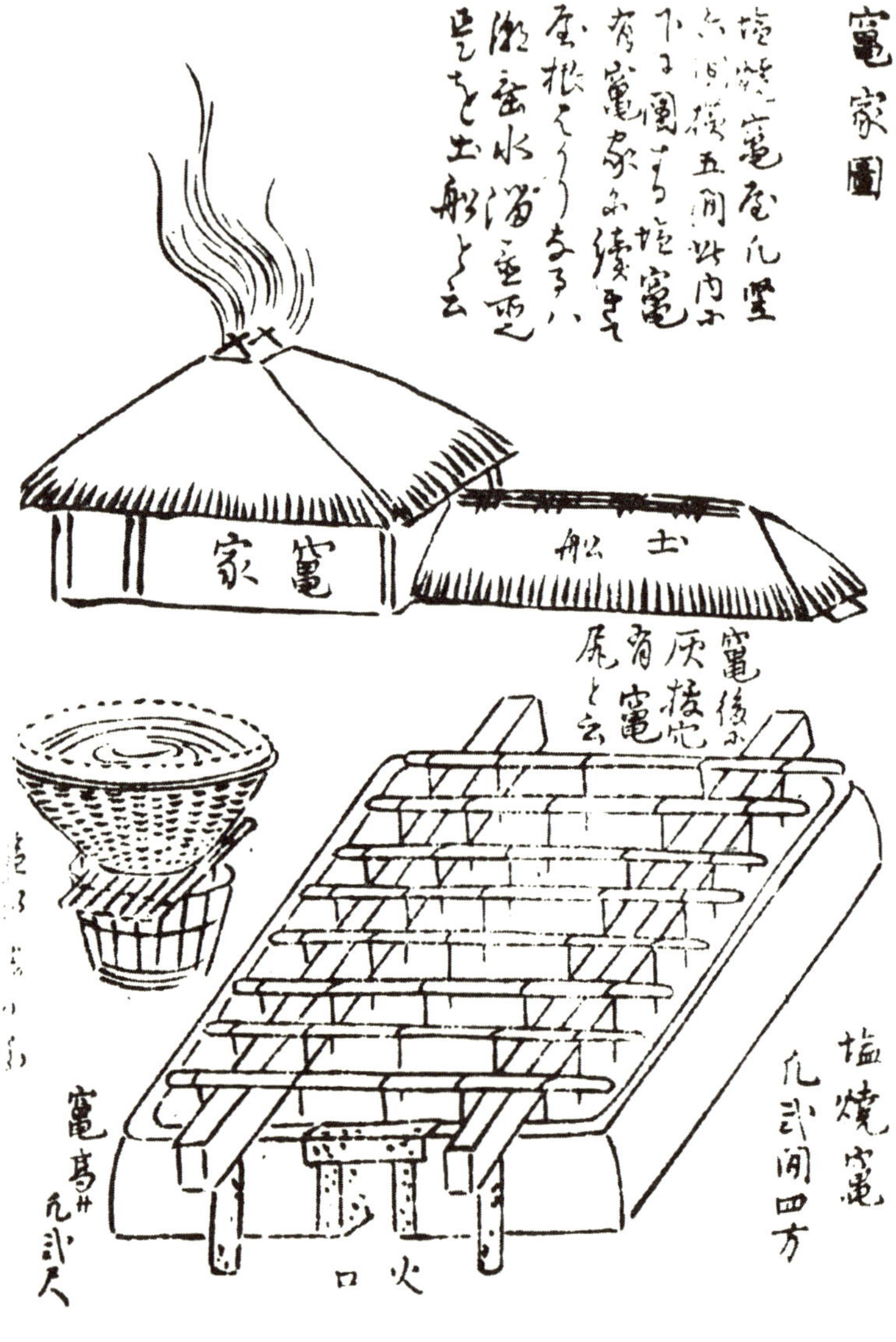
竈家圖
塩焼竈屋凡竪六間横五間此内ニ下ニ圖する塩竈有竈家ニ続きて屋根をかけたるハ潮釜水溜置也是を土船と云
竈家
土船
竈後ニ灰掻穴有竈尻と云
塩焼竈
凡弐間四方
竈馬
凡弐尺
火口

中央左に描かれているものは、塩場桶《しょばおけ》、簀《す》の子、塩場笊《しょばざる》で、塩場笊に鹹砂《かんさ》を富士山の形に盛り、中央をこぶしで潰して潮水《しおみず》を注ぐ場所を造る。これをチョク（口）作りという。そこへ海水をゆっくりと注ぎ、鹹砂《かんさ》全体にいきわたるようにすると塩場桶《しょばおけ》の中へ塩分濃度が極めて高い鹹水《かんすい》が滴《したた》り落ちてくる。この様子のことを行徳塩浜では「泣く」と呼び、よく泣けば泣くほど塩がたくさん採れるということで縁起《えんぎ》の良い言葉だった。

金堤画左下に付された説明文が不鮮明なのが残念である。

『江戸名所図会』の「行徳鹽竈之図《ぎょうとくしおかまのづ》」では竈家内《かまどやない》の作業内容が詳細に描かれている。薪《たきぎ》は松葉である。ただし、この図には土船は描かれていない。

（注）『葛飾誌略』より関連個所を記す。

一、鹽竈製方《しおかまどせいほう》。埴土《しょくど》（ねばつち、粘土のこと）を以《もっ》て壇《だん》を築き、貝殻を焼き、臼《うす》にて搗《つ》き砕き、苦塩《にがじお》（ニガリのこと）を以て練《ね》り作るなり。是《これ》、昔よりの製方なり。（後略）

一、鹽外。（前略）よく泣けばなくほど、十のもの九分は上州辺へ上るといふ。此《この》職の言葉になくといふを吉事とする也。よく泣けばなくほど塩も多々出来る也。大和詞《やまとことば》に泣涙の二字をしほたると訓《くん》ず。斯様《かよう》の言葉は田舎言葉にて、方言のやうに思へる人もあれど、古語にして片言《へんげん》（ちょっとしたことば）にあらず。

勝鹿図志　手繰舟

行徳金堤による名所旧跡案内

葛飾浦《かつしかのうら》にうち添《そい》たる名所地名神社仏閣は

▲船橋大神宮

在船橋宿

古説曰《こせつにいわく》、日武尊《（やまとたける）》東征《とうせい》の時勝鹿浦《かつしかのうら》にて暴風俄《にわか》に起り御船覆《おんふねくつがえ》らんとせしに、海神村《かいじんむら》の猟師三人して危難を救《すく》ひ参《まい》らせ、海神浦《かいじんうら》に漸《ようや》く御船着《おんふねつか》せ玉《たま》ひしかば御宿《おんやど》なし。供御《ともご》奉《たてまつ》る此《この》三人の内御代《うちみよ》川氏《かわし》の屋敷の内に元より神明《しんめい》の社有《やしろあり》。日本武尊《やまとたけるのみこと》御掃路《おんそうろ》ありて御代川氏を神守《じんしゅ》に附《ふ》させられしが其後《そののち》不浄《ふじょう》をさけて今の船橋宿へ遷《うつ》し奉《たてまつ》り神職《しんしょく》も神家《しんけ》にゆづりしとなん。『和漢三才図会《わかんさんさいずえ》』は神主《じんしゅ》彦十郎と記《しるす》。御代川氏の子孫今猶存《いまなおそん》す。

『日本書紀』曰　人皇十二代景行天皇四十年夏六月、東夷多叛、辺境動《（ママ）》。（中略とあり）冬十月壬子朔癸丑、日本武尊発路《（ママ）》。（中略とあり）亦進二相模一、欲レ往二上総一。望レ海ヲ高言曰、是小海耳。可二立跳渡一。乃至二于海中一、暴風忽起、王船漂蕩、而不レ可レ渡。時有二従レ王之妾一。曰二弟橘媛一。

穂積氏忍山宿禰之女也。啓レ王曰、今風起浪泌、王船欲レ没。是必海神心也。願以二妾《（ママ）》之身一、贖二王之命一而入レ海。言訖乃披レ瀾入レ之。暴風即止。船得レ著レ岸。故時人号二其海一、曰二馳水一也。

（注）船橋大神宮《ふなばしだいじんぐう》。千葉県船橋市宮本五丁目二番一号。ここまで自転車で筆者の住む新井からは直行でおよそ一時間かかる。ただし、途中いくつかの神社仏閣を参拝し、その他の史跡を巡って来ると自転車でも一日がかりの道程となる。船橋大神宮の石段を自転車を抱えて登ると大汗をかくことになる。「葛飾」の調査には自転車によるのが一番いいと思う。船橋大神宮の入口は四カ所ある。本書の著者金堤はどのようにして行脚《あんぎゃ》し取材したのだろうか。途中一泊や二泊は必ずしているだろう。筆者の場合も、日によって方角を変えて数日間は「市川・船橋方面」を放浪・調査した経験がある。自動車に乗って行っては土地の匂い、風の香りは分からないだろうし、土地勘が養えないだろう。

（注）勝鹿浦。葛飾浦のこと。

（注）和漢三才図会。わかんさんさいずえ。図説百科事典。寺島良安著。一〇五巻八一冊。明《みん》の王圻《おうき》の「三才図会」に倣《なら》って、和漢古今《わかんここん》にわたる事物を天文・人倫・土地・山水など天・人・地の三部一〇五部門に分け、図・漢名・和名などを挙《あ》げて漢文で解説。正徳《しょうとく》二年（一七一二）自序。

（注）日本書紀。六国史《りっこくし》の一。奈良時代に完成したわが国最古の勅撰《ちょくせん》の正史。神代から持《じ》

統《とう》天皇までの朝廷に伝わった神話・伝説・記録などを修飾の多い漢文で記述した編年体の史書。三十巻。七二〇年（養老《ようろう》四）舎人《とねり》親王らの撰《せん》。

（注）『葛飾記』より関連個所を記す。

夕日皇大神宮《ゆうひこうだいじんぐう》 附略縁起、社領五十石

船橋町の鎮守也《なり》、海上より曛日《イリヒ》を受け給《たま》ふ故《ゆえ》に奉レ号《なづけたてまつる》、関東第一の神明宮《しんめいぐう》也、鳥居大門《とりいだいもん》道《みち》は、上総海道西《かずさかいどうにし》 坤《ひつじさるむき》 向也、本社三社、中央天照 皇大神宮《てんしょうこうだいじんぐう》、右は春日大明神《かすがだいみょうじん》、左は八《はち》幡宮《まんぐう》也、此《この》神明宮より見 奉《みたてまつ》る時は、勢州《せいしゅう》 山田は旭《あさひ》と可レ 奉レ仰《あおぎたてまつるべき》也、八十末社有《まっしゃあり》、近来再新に修造し奉る 牛頭天王の社有《あり》、毎年六月十五日祭礼有、屋台《やだい》を出す、当社は元《もと》五千石の社領也、後《のち》百分一に減少せらる、但何《いず》れの代より か未《いま》だ詳《つまびらか》にせず 唯今《ただいま》、漸《ようや》く五十石の社領也、東鑑《あずまかがみ》に載《の》する下総《しもうさ》の御厨《ミクリ》と申《もうす》は、 則《すなわち》当社の御事《おんこと》なるべし、元、社領の時の社人《しゃじん》の分、今は宮の内と云所《いうところ》名《な》と成り、余程《よほど》広き民里《たみさと》也、社人の跡有《あり》て、少し宛田地屋敷《あてでんちやしき》を所持して、百姓を勤《つと》め居《い》る也、前《さき》の神《じん》主《しゅ》は平《たいら》ノ姓《せい》、富氏右近《とびしうこん》といふ、其次《そのつぎ》は、宝暦年中《ほうれきねんちゅう》（一七五一〜六三）、官職昇進有《あり》て、吉《よし》田殿《だでん》より参内《さんだい》、中興を御免許 被レ成下《おんめんきょなしくだされ》一、平ノ姓富氏《とびし》の大宮司《だいぐうじ》と号《ごう》す、富は飛（トビ）也、飛《とび》八郎左衛門、矢《や》作《はぎ》新兵衛、御代川《みよかわ》源右衛門縁起ノ内、子孫残ル 抑《そもそも》当社の起りを尋ね奉るに、人皇《じんおう》十二代景行天皇《けいこうてんのう》第二の皇子日本 武 尊《おうじやまとたけるのみこと》、東国《とうごく》に御《おん》下《くだ》りましまし時、此浦の沖にて難風《なんぷう》にあわせ給《たま》ひ、随《したが》ひ奉る 橘 媛《たちばなひめ》、御命《おんみこと》に代《かわ》り 奉《たてまつ》り、竜神《りゅうじん》を宥《なだ》めんが為に海水に入水《じゅすい》し給《たま》ふ、依《よっ》て、御船恙《おんふねつつが》なく下総《しもうさ》の船橋の浦に着《つか》せ給《たま》ふを、折節《おりから》三人の猟師有《あ》りて、供御《ともご》を備《そな》へ奉り、御宿《おんやど》なし奉《たてまつ》る、今に伝はる、富《とび》、矢《や》作《はぎ》、御代川《みよかわ》の氏《うじ》三人是《これ》なり、其後《そののち》、御帰路《おんきろ》ましまして、御恩賞《ごおんしょう》に、神明に所領を御寄附《ごきふ》ましまして、三人の内一人神職《しんしょく》に附《ふ》させ給《たま》ふと也（但、飛ぶが如《ごと》く欠付《かけつけ》たりとて、トビと苗字《みょうじ》をいふと也、其御褒美に神職に附させ給ふか、浅草も同意なれ共、是は三人異姓にて、兄弟の争ひなき故に、別に立て給ふに不《およば》ㇾ及《ず》か）

（注）『江戸名所図会』より関連個所を記す。

意富日神社《おほひのじんじゃ》　意富日《おほひ》 古《いにしえ》は日《ひ》を比《ひ》に作る。天正《てんしょう》（一五七三〜九一）以来台命《いらいたいめい》によりて比《ひ》を日《ひ》に改めらる、といへり。船橋駅《ふなばしのえき》上総《かずさ》街道と成田《なりた》街道との岐道《わかれみち》、五日市場村《いつかいちばむら》に宮居《みやゐ》す。世に船橋太神宮《ふなばしだいじんぐう》と称す。延喜式内《えんぎしきない》の御神《おんかみ》にして、関東一之宮と崇《あが》む。神官大宮司富《とみ》氏奉祀《うじほうし》せり。

当社大宮司富氏《とみうじ》の始祖は、景行天皇《けいこうてんのう》第四の皇子五百城入彦尊《おうじいほきいりひこのみこと》なり。天皇尊《みこと》をして船橋に下向《げこう》なさしめたまひ、東国《とうごく》八千八村《そん》の縣主《あがたぬしを》兼《か》ね、当宮《とうぐう》の神官を司《つかさど》らしめ給《たま》ふ。然《しか》るに仁平《にんぴょう》（一一五一〜五三）の頃、荒木田満国《みつくに》の舎弟基国《もとくに》を養子とす。此時日月《このときじつげつ》を以《もっ》て家の紋とせしが、其後基継《そののちもとつぐ》の時、又嗣《し》なきに依《よっ》て、千葉満胤《みつたね》の子基胤《もとたね》を養子とす。天正《てんしょう》十九年（一五九一）辛卯《かのとう》、大神君当社御参詣《だいしんくんとうしゃごさんけい》の頃、神官富氏御紋《とみうじごもん》の軍配団扇《ぐんばいうちわ》に根《ね》引《びき》の若松を添へて獻《たてまつ》りしが、其後《そののち》上意によりて、若松に軍配団扇を家の紋とす。隔年《かくねん》正月年始には、旧例に任せ、御祓大麻《おんはらひおほぬさ》に根引の若松を添へて献上し奉り、登城《とじょう》するを永規《えいき》とす。

（後略）

(注)『葛飾誌略』より関連個所を記す。

一、日本武尊《やまとたけるのみこと》御上場《おんあがりば》旧趾《きゅうし》。御代川源右衛門《みよかわげんうえもん》屋敷前とぞ。日本書紀曰《いわく》、人皇十二代景行天皇四十年夏五月、東夷多叛、辺境騒動。云々《うんぬん》。冬十月壬子《みずのえね》朔《さく》癸丑《みずのとうし》、日本武尊発路。云々。亦進㆓相模㆒、欲㆑往㆓上総㆒。望㆑海高言曰、小海耳、可㆓立跳渡㆒。乃至㆓于海中㆒。暴風忽起、王船漂蕩而不㆑可㆑渡。時有㆓従㆑王妾㆒。曰㆓弟橘姫㆒。穂積氏忍山宿禰之女也。啓㆑王曰、今風起浪泌、王船欲㆑没。是必神心也。願以㆓妾之身㆒贖㆓王之命㆒而入㆑海。言訖、乃披㆑瀾入之。暴風即止、船得㆑着㆑岸。故時人号㆓其海㆒曰㆓馳水㆒也。云々。此時、副将は吉備武彦《きびたけひこ》也といふ。尊《みこと》は十六歳の御時《おんとき》に丈《みたけ》一丈《じょう》といふ。此海神浦に御船《おんふね》を寄せられし事、日本紀・古事記にも載せざる事遺憾《いかん》なるべし。然《しか》れども、其昔《そのむかし》御船を助け奉《たてまつ》りし民家、言ひ伝へて連綿《れんめん》と有㆑之《これあり》。穴田《あなだ》・御代川《みよかわ》・矢矧《やはぎ》の三家也。此時より既に一千七百余年の今に到り、子孫連続する事、誠に奇といふべし。此海神村、昔は漁《ぎょ》洲《しゅう》にて、穴田・御代川・矢矧など其長《おさ》也とぞ。此海神村より九日市《ここのかいち》橋迄七百二十間(約千三百メートル)有りといふ。

(注)『現代語訳成田参詣記』より関連個所を記す。

意富日神社《おおいのじんじゃ》〈船橋大神宮〉

五日市場村《いつかいちば》〈現船橋市宮本〉にある(五日市場村と九日市場村《ここのかいちば》を併せて船橋と称する)。土地の人は神明《しんめい》と称している。社領は五十石(天正《てんしょう》十九年辛卯《かのとう》十一月)。延喜式の神名帳《じんみょうちょう》に見える「葛飾《かつしか》郡二座（並びに小）意富比ノ神社」とは、この神社の事であろう。神社の伝によると、天照皇太神《あまてるすめおおかみ》・豊受皇太神《とゆけすめおおかみ》・八幡宮《はちまん》・春日明神《かすがみょうじん》を合祀《ごうし》するという。

▲阿取防（ママ）神社

在海神村

愛しい人の帰りを待つ切ない心を詠む

萬葉《まんよう》　　俊頼（ママ）

には中のあすはの神に小柴《こしば》さしあれはいはゝん帰りくまでに

小柴さすとは昔萩《はぎ》の折箸《おりはし》を結立《ゆいた》て恋をいのりしよし古哥《こか》にも見へたり。

（注）千葉県船橋市海神六丁目二一番一八号。

（注）万葉集　巻二十　四三五〇　に「庭中の阿須波《あすは》の神にこしばさし我《あれ》は祝はむ帰り来《く》までに」（庭中の阿須波の神に柴を立てて清めをしよう。帰ってくるまで）。右の一首は、主帳の丁若麻続部諸人《よぼろわかおみべのもろひと》（国民の文学２『万葉集』）とある。丁はよぼろ。公役の人夫として徴発された男。

（注）「俊頼」とあるが、これは二つの意味で誤りである。

『葛飾記』の「阿取坊大明神」の項中に次のようにあるので金堤の錯誤であろう。

阿取坊大明神《あとりぼうだいみょうじん》 附和歌

同村（西海神村《にしかいじん》）に有《あ》り、船橋より少し前、是《これ》竜神也《なり》、此故《このゆえ》に所《ところ》を海神村と云《いう》、入江の汀蘆間《なぎさあしのあいだ》に鳥居立てる所、此御神《おんかみ》の鳥居也、此所は海際、其間《そのあいだ》田有《あり》て少し隔《へだ》つ、沙喝羅《シャカツラ》竜王、春日《かすが》、鹿島《かしま》御同体也、又彦火々出見尊《ひこほほでみのみこと》御一座ならん、此祭祀《さいし》は俗に芋町と云、芋を夥敷振舞賞味《おびただしくふるまいしょうみ》すと也、

小柴《こしば》さす、歌林良材《かりんりょうざい》にいはく、下総国阿取坊《しもうさのくにあとりぼう》の宮と申す社《やしろ》の誓《ちか》ひにて、小柴を立て祈る事あるをいふ、

万葉集廿　若麻続部諸人《わかをみべのもろひと》

庭なかのあすはの神に小柴さしあれは祝ん帰りくまでに

俊成卿《しゅんぜいきょう》

今さらに帰らざらめやいちじるきあすはの宮にこしばさすとも

よみ人しらず

別るれどあすはの神はかへらなん手向《たむけ》をつとに小しばさしつゝ

（後略）

金堤は『葛飾記』を読み、上記の三首並んでいるうちの作者を取り違えたのではなかろう

か。ただし、『葛飾記』では「今さらに……」の作者は「俊成卿《しゅんぜいきょう》」としている。無論、『江戸名所図会』では「今さらに……」の歌の作者が「俊頼」とあるから金堤がこれを見間違えたかとも考えられるのだが、『江戸名所図会』は天保《てんぽう》五年（一八三四）と天保七年（一八三六）の刊行であり、金堤の『勝鹿図志手くりふね』の文化《ぶんか》一〇年（一八一三）刊行よりも後だからそれを混同したとも思えない。

次に参考のため『江戸名所図会』より関連個所を記す。

阿《あ》須波明神祠《みょうじんのみや》　西海神村《にしわだつみむら》にあり。禅宗大覚院奉祀《だいかくいんほうし》す。沙竭羅龍王《しゃがらりゅうおう》を祀ると云《い》ふ。故《ゆえ》に此地《このち》を海神《わだつみ》とは称せりといへり。耕田《こうでん》と道路と隔て丶、海汀《かいてい》に向つて華表《とりゐ》を建つる。九月四日を祭祀の辰《しん》とす。此日芋を食するを旧例とす。故に土人芋祭《どじんいもまつり》と呼びならはせり。当社《とうしゃ》に小柴《こしば》さすと云ふ事あり。旅だ丶んとする人、首途《かどで》に此阿須波《あすは》の御神《おんかみ》に小柴《こしば》を奉《たてまつ》りて、長途《ちょうと》の安全を祈りまゐらすると云ひ伝ふ。[歌林良材《かりんりょうざい》]に、下総国阿須波宮《あすはのみや》とまをす社《やしろ》は、神の誓《ちかい》にて小柴を立て丶祈る事あるを云ふと云々《うんぬん》。

萬葉集

爾《ニ》波《ハ》奈《ナ》加《カ》能《ノ》阿《ア》須《ス》波《ハ》乃《ノ》可《カ》美《ミ》爾《ニ》古《コ》志《シ》波《バ》佐《サ》之《シ》阿《ア》例《レ》波《ハ》伊《イ》波《ハ》々《ヽ》牟《ム》加《カ》倍《ヘ》理《リ》久《ク》麻《マ》弖《デ》爾《ニ》

帳丁若麻続部諸人

新千載

頼むぞよあすはの宮にさす柴のしばしが程もみねば恋しき　法印《補》定為

名寄

今さらにいもかへさめやいちじるきあすはの宮に小柴さすとも　俊頼

わかるれどあすはの神はかへらなん手向《たむけ》をつとに小柴さしつゝ　よみ人しらず

（後略）

（注）『葛飾誌略』より関連個所を記す。

一、龍神宮（千葉県船橋市海神六丁目二一番一八号）。当村（西海神村）鎮守。祭神八大龍王。別当——。

（注）『現代語訳成田参詣記』所収「高石明神《たかいしみょうじん》の社《やしろ》」の項の解説文が参考になるので記す。

○阿須波《あすは》の神社《じんじゃ》

『万葉集』（巻二十、二十四丁）上総国防人歌《かずさのくにさきもりのうた》〈四三五〇〉に「庭中《にわなか》に阿須波《あすわ》の神に小《こ》柴《しば》さし吾《あれ》は斎《いわ》はむ帰り来《く》までに」〈庭の中の阿須波の神に小柴を挿《さ》して祈り、あなたが帰って来るまで私は斎戒《さいかい》して待ちましょう〉、『古事記』〈上巻、大国主神〉に「大年の神」の子に「庭津日の神、次に阿須波の神云々《うんぬん》」とあって、竈《かまど》の神である。祈年祭《としごいのまつりの》祝詞《のりと》に「座摩《さかすり》の御巫《みかむのこ》の称辞竟《たたえごとお》へまつる、皇神等《すめかみたち》の前に白《まおさ》く、生《い》く井、栄《さ》く井、津長井・阿須波・婆比支《はひき》と御名は白《まお》して云々」と見える。これは庭の中に小柴で神籬《ひもろき》を仮初《かりそめ》

（注：まにあわせ）に造ったのであろう。それを「小柴さし」と言ったのである。「あれは」は「吾は」である。「倡」を元暦本《げんりゃくぼん》には「泥」に作る。万葉集の「右一首、帳丁若《わか》麻続部諸人《おみべのもろひと》」の「帳丁」は主帳丁である。按《あん》ずるに、この歌は防人の父母か妻が詠んだ歌と見える。「諸人」の下に脱字あるか、と以上は『略解』〈万葉集略解。加藤千蔭著、寛政八年《一七九六》脱稿〉の説である。考えてみるに、『式神名帳』〈延喜式神名帳〉に「越前の国足羽《あすわ》郡足羽の神社」〈現福井市〉が存する。

『古事記伝』に、「阿須波神、名前と意味は未だ不明であるが、試みに強いて言うならば、足場《あしば》の意であろうか。足《あし》を阿須《あす》というのは、前に引いた地名の足羽《あす》などがそうである。一般にどこの地方でも人が足を踏み立てる地を足《あし》場と言い、今の世でも足場《あしば》の好い悪いなどと言うのがこれである。さて、すべて場《ば》というのは庭《にわ》の省略で、大庭をおおばという類いが多い。また場の字をにわと読むこともある。何にてもあれ事をなすところを某場《なにば》という。さて某場と言うときは音便で濁るけれども、尓波《には》の略であるから波《は》と清音である。故にここの神の名の波《は》は清音に言うのである。さてこの神は、人がどこかへ行くといっても何事をなすにしても、足を踏み立てる地を守っていらっしゃる神であるから、家毎に祭ったのであろうか」。『袖中抄』〈二十巻、顕昭著、鎌倉時代の歌学書〉に、「上《かみ》の総《ふさ》の国に阿須波と申す神がいらっしゃると記しているのは誤りである。また尓波奈加《にはなか》をかの国の地名とする説も悪い。この歌に庭中之《にわなかの》と詠んでいることから、その昔民の家の庭に、竈の神などと一緒にこの阿須波の神をも祭ったことを知るべきである云々」と見える。

さて、右の歌の末二句を味わうに、かの阿須波の神は自分の家ではなく、行く先々の家々に祭っているのを祈願しながら行こう、と読めるので、どの国でも家ごとに祭っていることが理解される。或る人が言うことに「庭中之麻《あさ》というあの文字にかかる枕詞《まくらことば》で、庭中に祭っているのではないであろう。足羽は足早の意である。浪速《なみはや》をなにわというのと同じである。小柴は来《こ》という文字にかかっている。一首の意は、足早く行って帰って来いという意味であろう」と。さて以上の説では、禁中に祭る神を越前でも祭り、また諸国でも祭ったのであろう。上総とするのは防人の歌ということからであろう。『歌林良材』〈二巻、一条兼良著、永享年間（一四二九〜一四四〇）か〉に下総とするのは、上を下と誤ったのに拠《よ》られたのであろう。上総と下総の錯誤は往々目にするところである。『江戸名所図会』〈巻七〉に海神村〈現船橋市海神〉の竜王がこれだとするのは、とんでもない誤りである。〈阿須波の社は、公津村〈現成田市〉の麻賀多の神社の末社にある。この外《ほか》にも尚有るかどうか、識者の考察をまつ〉。

▲海神村石芋

弘法大師の故事は芋が石となる

鎮守龍神の祠《ほこら》の前に有《あり》。昔弘法大師《こうぼうだいし》此村の老婆《ろうば》の家に立よらせ玉《たま》ひしに芋の羹《あつもの》を煮《に》ゐたり。大師乞《こい》せ玉ひしには石芋《いしいも》のあつものにて人の喰《く》ふべきものにあらずと答ふ。大師さり玉ふ。老婆かのあつものをくらはんとせしに実に芋《いも》石となりて喰ふべからず。すべて清水に捨《すて》る。其まゝ芽を生じ葉ひろごり四時《しいじ》枯《(かれ)》ず。千歳《ちとせ》の今も霜雪《そうせつ》のうれひをしらず。俗語なれども不思議なる故、因《ちなみ》にここにしるす。按《あん》に海神村の猟師、上古《じょうこ》よりして（日本武尊《やまとたけるのみこと》の危難を救ひ参らせて今世までも魚猟師のこれり。『日本記』に）海神の女を娶《めと》らせ玉ふとあるも猟師の女と覚ゆ。海神は海人《かいじん》也。又海人《あま》と訓ず。猟師也。すべて人を神といひたるは『日本書紀』撰《えらば》れし舎人親王《とねりしんのう》の上古尊敬の文勢たるべし。日本を神国と云《いい》たるも『三代実録《さんだいじつろく》』に至《いたっ》て初《はじめ》て出《いで》たるよし。貞観《じょうがん》十二年十五日ノ告文ニ曰《いわく》。我朝《ハカミカド》乃神国《カミノクニ》止《ト》憚良《ハ、カラ》礼《レ》来《キタ》礼《レ》留《ル》故実《モノマコト》云云。しかれば海神村は海人村にて昔よりの漁村と見へたり。

（注）千葉県船橋市海神六丁目二一番一八号付近。

（注）三代実録。日本三代実録。六国史《りっこくし》の一。五〇巻。文徳《ぶんとく》実録の後を受け、清和・陽成・

光孝三天皇の時代約三〇年の事を記した編年体の史書。九〇一年（延喜一）藤原時平・大蔵善行らが勅を奉じて撰進。

（注）弘法大師。こうぼうだいし。空海の諡号《しごう》。諡号とは生前の行いを尊び死後に贈られる称。弘法とは仏法をひろめること。

（注）『葛飾記』より関連個所を記す。

石芋《いしいも》附片葉蘆《かたばのあし》

西海神村の内、阿取坊明神《あとりぼうみょうじん》の社《やしろ》の入口に有《あ》り、所《ところ》に云伝《いいつた》ふるは、昔弘法大師《こうぼうだいし》此所《このところ》を日暮《ひぐれ》て通らせ給《たま》ふに、ある家に立寄り、宿を借り給《たま》へば、嫗《おうな》一人有《あり》けるが、宿をかし参《まい》らせず、依《よっ》て、大師、其側《そのかたわ》らに植置《うえお》ける芋を石に加持《かじ》し給《たま》ふ、其后《そのご》、媼此《ウバこの》芋を掘出して喰《く》はんとするに、皆《みな》石と成《なり》、喰ふ事能《あた》はず、軈《やが》て皆此所へ棄《すて》しより、今に四時《しじ》共に腐《くさ》れずして、年々葉を生ずる也、（後略）

（注）『葛飾誌略』より関連個所を記す。

一、石芋。龍神宮の前に細流有り。里人云《い》ふ、昔、弘法大師教化のため、此国遍路《このくにへんろ》の時、此所を通る。一人の慳貪婆《けんどんばあ》、此川にて芋を洗ひけるを、大師芋一つと所望《しょもう》有り。石芋にて喰はれずと答ふ。大師、然《しか》らば用なしとて行き給《たま》ふ。其後《そののち》にて終日煮ると雖《いえど》も煮えず。依《よっ》て此流れへ捨つ。千歳《ちとせ》の後の今も年々青葉を生ずるは、奇なる事也。

（注）『江戸名所図会』より関連個所を記す。

石芋　当社《とうしゃ》（阿須波明神祠《あすはみょうじんのみや》のこと、龍神宮とも）の入口にあり。里諺《りげん》に云《いわ》く。往古弘法《むかしこうぼう》大師東国化度《だいしとうごくけど》の時、日ぐれに及びて此所《このところ》を通らせられ、とある家に入り給ひて、一宿《しゅく》を乞《こ》ひ給《たま》ふに、其家に一人の老嫗《おうな》ありて、是を許しまゐらせず。大師邪見《じゃけん》の輩《ともがら》を教へ導き給はん方便にとて、その家の傍《かたわら》の芋を加持《かじ》して、石となし給ふとぞ。此故に其芋四時《しいじ》ともに腐れずして年々《としどし》に葉を生《しょう》ずとなり。

▲雪山等琳筆　日本武尊東征図

▲葛飾明神

小社だが葛飾の惣社で清水が湧き涸れず

在本郷村　祭神地神第三代瓊瓊杵尊《ににぎのみこと》　神前に井有《あり》。勝鹿の井又桂の井とも。俗《ぞくに》龍宮に通ずと云《いう》。

有リレ碑銘ニ曰ク

下総勝鹿。郷隷栗原。神祀瓊瓊（ママ）。地出醴泉。豊姫所鑒。

神龍之渊。大旱不涸。湛乎維円。名日葛蘿（ママ）。不絶綿々（ママ）。

文化《ぶんか》九年 壬申《みずのえさる》春三月建　南畝大田覃撰

（注）葛飾神社。千葉県船橋市西船五丁目三番八号。

（注）『葛飾記』より関連個所を記す。

葛飾大明神 附葛《くず》の井《い》、井《ならびに》土佐殿館跡《やかたあと》

同村方也《どうむらかたなり》（本郷村のこと）、法成寺《ほうじょうじ》の前を行道《いくみち》少し有《あり》、海道《かいどう》よりは五六町《ごろくちょう》もあるらん、社《やしろ》は大社《たいしゃ》ならず、社地《しゃち》は唐竹《とうちく》の藪《やぶ》なり、此御神小社《このおんかみしょうしゃ》なれ共《ども》、葛飾の惣社《そうじゃ》也、近隣に藤原《ふじわら》台《だい》と云所有《いうところある》なれば、大職冠鎌足公《たいしょっかんかまたりこう》を祭りたる事もあるべし、近年、里禰宜《さとねぎ》より神主《じんしゅ》を願ひ、社《やしろ》の再建せん事を願へども、御免許これなし、又、宮《みや》の傍《かたわ》ラ藪《やぶ》の中に、葛《くず》の井と云《いう》井有《あり》、昔より橡《クスノ》木《キ》の幹《イゲタ》朽《くち》ずして存《そん》せり、此《この》水を少し飲めば、瘧疾立《ヲコリたち》ドコロに零《おち》ると也、此故に、皆《みな》信拝して瘧《ヲコ》る日に用《もちい》るに、其効《そのシルシ》速《すみや》か也と云《いえ》り、又、俗に此《この》井は竜宮迄抜け通れりと云《いう》、（後略）

（注）『葛飾誌略』より関連個所を記す。

一、葛飾祠《かつしかのほこら》。是一郡の惣社也。通りより二丁《ちょう》（約二一八メートル）ばかり入《い》る。別当満善寺。祭神瓊々杵尊《ににぎのみこと》。勧請《かんじょう》より千有余年に及ぶとぞ。地神三代の神也。

（注）『江戸名所図会』より関連個所を記す。

葛飾明神社《かつしかみょうじんのやしろ》　中山より東《ひがし》の方《かた》、栗原本郷《くりはらほんごう》の街道より左へ四町《よんちょう》ばかり入《い》りて、叢林《そうりん》の中《うち》にあり。葛飾の惣社《そうしゃ》と称すれども、祭神詳《さいじんつまびらか》ならず。同所真言宗萬善寺別当《まんぜんじべっとう》たり。祭礼は九月十五日なり。社《やしろ》より東の方《かた》の林間《りんかん》、稲荷《いなり》の小祠《こほこら》の傍《かたわら》に、葛《くず》の井《い》と称する井あり。当社《とうしゃ》の御手洗《みたらし》といふ。土人《どじん》相伝へて、此井の水脈龍宮界に通ずと云ふ。瘧疾《ぎゃくしつ》を患《うれ》ふる者、此井の水を飲みて験《しるし》ありといへり。

（注）『現代語訳成田参詣記』より関連個所を記す。

総社明神社《そうじゃみょうじんのやしろ》

栗原本郷村（現船橋市西船）にある。社の来歴は詳《つまび》らかでない。別当を神司院万善寺《まんぜんじ》という〈新義真言宗、小作村《こさくむら》の妙応院〈現船橋市古作町の明王院か〉の末寺である〈明治に廃寺〉〉。九月十五日の神事がある。社の東の方に稲荷の祠《やしろ》があり、その傍に葛《かつら》の井《い》（昭和四〇年、船橋市史跡に指定）というのが存する（銘文は後出）。何のいわれがあるのかは不明である。〈明神社の御手洗《みたらし》の池であったと考えられる〉。

『現代語訳成田参詣記』所収「葛羅之井」の図は次の通り。碑文の現代語訳が解説されているので紹介する。

文化九年《一八一二》、年の干支《えと》は壬申《みずのえさる》、春三月に建てる。下総国葛鹿〈葛飾〉郷栗原に神社があり、瓊瓊杵命《ににぎのみこと》〈天照大神《あまてらすおおかみ》の孫〉を祀っている。その土地からは清冽《せいれつ》な泉が湧き、豊玉姫《とよたまひめ》〈ニニギノミコトの子たるヒコホホデミノミコトの妻、竜宮の王女〉が治めておられる。神竜の棲《す》む渕《ふち》はきびしい旱《ひでり》にも涸れることなく、深く水をたたえている。よってこの清水を「葛羅《かつら》〈之井〉」と名づけ、未来永劫《みらいえいごう》、綿々《めんめん》として絶えざることを予祝《しゅく》する〈あらかじめ言葉に発すると、その通りになるという言霊信仰《ことだましんこう》に基づいている〉。

太田覃《たん》〈南畝《なんぽ》〉がこの文を撰んだ〈撰とは文を作ること〉。

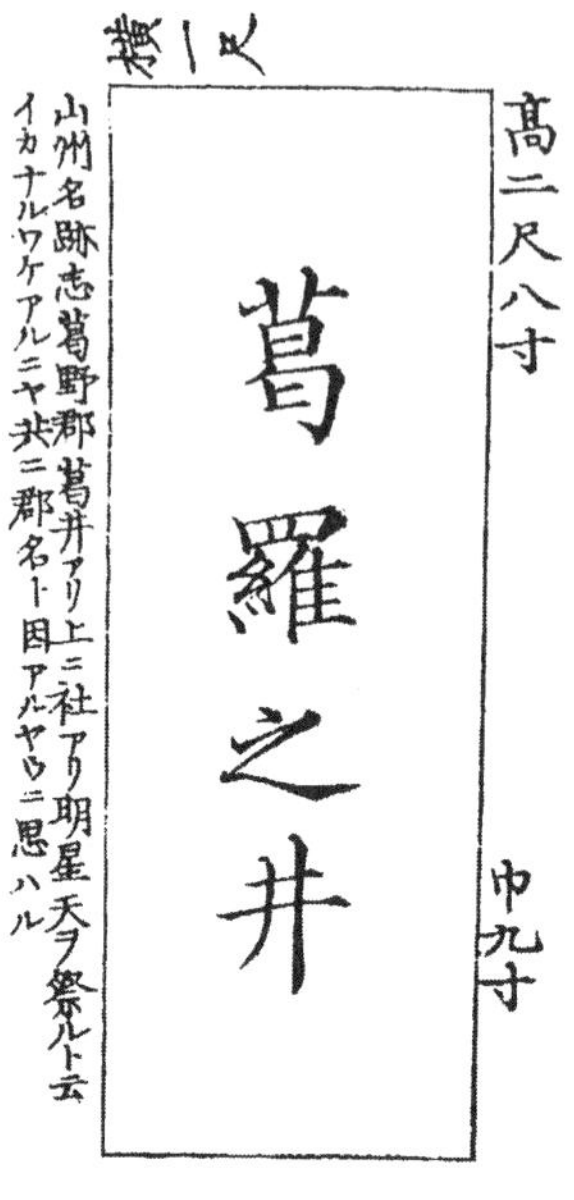
高二尺八寸
葛羅之井
巾九寸
横一尺
山州名跡志葛野郡葛井アリ上ニ社アリ明星天ヲ祭ルト云
イカナルワケアルニヤ共ニ郡名ト因アルヤウニ思ハル

右
文化九年壬申春三月建
左
下総葛鹿郷隷栗原神祀瓊杵
地出醴泉豊姫所鑑神龍之淵
大旱不涸湛乎維冊名曰葛羅
不絶綿々　太田覃撰

(注)予とは太田南畝のこと。
(注)『千葉県東葛飾郡誌(二)』より関連個所を記す。
葛羅之井《かつらのい》。葛飾村大字《おおあざ》本郷葛飾神社境内にあり、麗水滾々大旱《れいすいこんこんたいかん》にも涸《か》れず、里人雨乞《さとびとあまごい》をなせば大雨沛然《はいぜん》として至ると伝へ信仰今に衰へず、俗に龍宮に通ずと称し古来別名を勝鹿の井又桂の井と伝へり。碑あり、高二尺八寸、横一尺、巾九寸、(正面)葛羅之井(右側面)文化《ぶんか》九年(一八一二)壬申《みずのえさる》春三月建(左側面)下総葛鹿《かつしか》郷隷、栗原神祀瓊々杵地出

料金受取人払郵便

新宿局承認

1974

差出有効期間
平成30年7月
31日まで
(切手不要)

郵便はがき

160-8791

843

東京都新宿区新宿1－10－1

(株)文芸社

愛読者カード係 行

ふりがな お名前			明治　大正 昭和　平成　年生　歳	
ふりがな ご住所	□□□-□□□□		性別 男・女	
お電話 番　号	(書籍ご注文の際に必要です)	ご職業		
E-mail				
ご購読雑誌(複数可)		ご購読新聞 新聞		

最近読んでおもしろかった本や今後、とりあげてほしいテーマをお教えください。

ご自分の研究成果や経験、お考え等を出版してみたいというお気持ちはありますか。

ある　　ない　　内容・テーマ(　　　)

現在完成した作品をお持ちですか。

ある　　ない　　ジャンル・原稿量(　　　)

書　名				
お買上 書　店	都道 府県	市区 郡	書店名	書店
			ご購入日	年　月　日

本書をどこでお知りになりましたか?

1.書店店頭　2.知人にすすめられて　3.インターネット(サイト名　　　　　　　　)

4.DMハガキ　5.広告、記事を見て(新聞、雑誌名　　　　　　　　)

上の質問に関連して、ご購入の決め手となったのは?

1.タイトル　2.著者　3.内容　4.カバーデザイン　5.帯

その他ご自由にお書きください。

(　　　　　　　　　　)

本書についてのご意見、ご感想をお聞かせください。

①内容について

②カバー、タイトル、帯について

弊社Webサイトからもご意見、ご感想をお寄せいただけます。

ご協力ありがとうございました。

※お寄せいただいたご意見、ご感想は新聞広告等で匿名にて使わせていただくことがあります。

※お客様の個人情報は、小社からの連絡のみに使用します。社外に提供することは一切ありません。

■書籍のご注文は、お近くの書店または、ブックサービス(フリーダイヤル0120-29-9625)、セブンネットショッピング(http://7net.omni7.jp/)にお申し込み下さい。

醴泉、豊姫所鑑、神龍之淵。大旱不涸、湛乎維圓、名曰葛羅、不絶綿々。南畝太田、覃撰とあり。

(注) 太田は大田である。

(注)『船橋市史』前編。旧本郷村葛飾明神と葛《くず》の井《い》及び満善寺の項を抜粋。長文だが読者の参考のため記す。

旧本郷村葛飾明神はもと本郷部落の北の境に近く、旧寺内村に接するところにあった。社地は数次移動したことがあると見えて、最初は今もある同社御手洗葛《みたらしくず》の井《い》の北に接して、今の古作道《こさくみち》の東側水田の傍《かたわ》らにあったと伝える。されど、近き昔は葛の井と古作道を隔てて、少し西の方《かた》台地に上る坂路《さかみち》の右側高地の端にあった。里人もその様に語り、明治十六年(一八八三)調製の実測葛飾郡図及び江戸名所図会にもその様に記してある。

従来伝うるところによれば、この社は天孫瓊々杵尊《ににぎのみこと》と豊玉姫《とよたまひめ》とを祀るといい、旧本郷村の村社であったと同時に、旧葛飾郡の総社であったともいわれる。故に一名を総社明神とも呼んで居《お》った。明治大正時代の地理学者邨岡良弼《むらおかりょうすけ》の如《ごと》きも、この神社を葛飾郡総社だと考えて居った。葛飾誌略には、千年前の古社だと記してある。

しかし、これについては若干の疑義もないわけでは無い。第一に延宝《えんぽう》六年(一六七八)の此《こ》の村検地帳に熊野権現、阿弥陀堂、万善寺などの名は記してあれど、此《こ》の神社の名は全く見出せない。第二、前に掲げた如く、此の村方と舞大夫《まいたゆう》宇賀山大膳及び古作明王院《こさくみょうおういん》とが、この神社の神職について争った時、延享《えんきょう》四年（一七四七）四月村方から幕府奉行所に差出した訴願状に、「小宮山杢之進《こみやまもくのしん》様御支配の節当村御林開発被《おおせ》二仰付《つけらる》一、拙者共村請《せっしゃどもむらうけ》に仕《つかまつり》、右場所御年貢地え葛飾大明神勧請仕《つかまつる》」とある。これらに拠《よ》れば、この神社は享保《きょうほう》年中（一七一六〜三五）の開創で、まだ新しきものと思われる。しかし一つ疑わしきことは、享保以来あまり多くの年月も経ざる寛延《かんえん》二年（一七四九）の著述である葛飾記に、新しき社ということは少しも記さず、却《かえ》って「葛飾の総社なり」などとしるしてあることである。故に今は軽々しく右の通り考うることも出来ない。

仍《よ》ってよく考うれば、この神社はもともと小さな社で、右に記した通り、葛の井の北隣《きたどなり》道傍《みちそば》にあった。その前面今の古作道の西側、台地に登る坂路の左右から台地にかけて相当に広い場所は、昔は幕府の御林山であった。それを享保年中（一七一六〜三五）代官小宮山杢之進時代に民間に払下げ開墾して畑となし、百姓等《ら》に配分した。その時百姓等は配分された残りの地に、此の神社を移し来《きた》って祀ったのだと判断せられる。それを土地の人々は勧請などというたのであろう。延宝《えんぽう》（一六七三〜八〇）の検地帳に載せないのは、旧境内が万善寺の地中などであったからであろう。故にこの社は小社といえども、昔から葛飾郡総社と言伝えられ尊信せられて来たものと考えられる。葛の井前面の水田を、印内あたりでは享保以前から葛飾下といい、同じ葛の井西方前面の畑地を、本郷では同じく古くから葛飾前というを以《もっ》て見れば、この神社の古社であることは疑いもないであろう。享保《きょうほう》十年（一七二五）六月印内村田方地押帳《いんないむらでんかたじおしちょう》に、葛飾下、下田《げでん》壱畝《せ》壱八歩《ぶ》などとある。しかし小社であるから、新しき場所に移されても、特別に社有の財産も無かったであろう。延享《えんきょう》四年（一七四七）五月宇賀山大膳が奉行所に差出した書状には「葛飾明神の義は小社にて造営等《とう》助力も無《これ》レ之候《なくそうろう》に付《つき》、万善寺明王院義も社《やしろ》修覆料をも付置度願《つけおきたくねがい》に付《つき》、私方《わたくしかた》に才覚仕《さいかくつかまつり》、去年《さんぬるとし》十一月万善寺へ金拾両、明王院へ金拾両相預《あいあず》け置候《おきそうろう》」とある。また葛飾記には「社は大社ならず、社地は唐竹《とうちく》の藪《やぶ》なり」とある。自然社地も狭隘《きょうあい》であったらしい。しかも始終荒れ果てて居《お》ったと見えて、文政《ぶんせい》六年（一八二三）四月（約百四十年前、船橋市史執筆時点から見てということ）此処に詣でた人の書いたものに、「祠前《ほこらまえ》に至り其の有様《ありさま》を見るに、祠の扉に蔦《つた》を纏《まと》ひ、拝殿には狐兎の足跡を印す。寂《じゃく》寥々《りょうりょう》として幽邃蕪を噉《くら》ふが如し」とある。しかし、この社は幕末の頃は誠に有名であった。幕末の頃文化文政以来此の地方を遊歴する文人墨客《ぶんじんぼっかく》にして、此の社を訪問せぬものは殆《ほとん》ど無かった。邨岡良弼の如きも明治十三年（一八八〇）夏此の社を訪ねてその著千葉日記に所謂《いわゆる》総社の解釈を載せた。

其の後大正三年（一九一四）十二月十九日此の社は今の国道沿い勝間田《かつまた》の池畔《ほとり》旧熊野権現社と合祀せられ、同五年一月十三日官許を得て、その名は今も葛飾明神と呼ばれて居る。移転前の旧社殿は今は売られて船橋大神宮の境内に移り、大鳥《おおとり》神社となって居る。方《ほう》六尺位である。旧本郷葛の井は昔葛飾明神御手洗の井といわれた。明神旧社地のあたり古作道の道傍にある。今はコンクリートで固められた直径六尺ばかりの円き井戸で水も汚れて居り、見る姿も無けれど、此の水脈は竜宮界まで通ずるといわれ、如何《いか》なる旱年《ひでりのとし》にも水の涸《か》れることは無く、瘧疾《ぎゃくしつ》を患うものが此の井の水を飲めば、必ず直ると伝えて居った。文化《ぶんか》九年（一八一二）三月（百五十年前、船橋市史執筆時点から見てということ）太田南畝はこの地の人惣四郎という者に頼まれてこの井の銘を撰んだ。今も此の銘を刻したる碑が井戸の側に立って居る。（以下略）

▲勝間田池《かつまたのいけ》　在同村

日蓮上人が船に乗ったので下り所《おと》の池ともいう

勝間田の池。『萬葉』には大和《やまと》と有《あり》。清輔説には美作《みまさか》といひ古き哥枕《うたまくら》、『八雲御抄《やくもみしょう》』には下総と有《あり》。文字にかゝりていふとも葛飾郡《かつしかごおり》なるべし。さはいへ国をへだてゝ同名の名所もあれば大和・美作にもおなじ名の名所もあらん歟《や》。大和は勝間田の池の跡、薬師寺なりといへり。

家集　　　　　　　　　　　　　　　　西行《さいぎょう》

水なしと聞てふりにし勝間田の池あらたむる五月雨《さみだれ》の頃

かつまたの池をさして下所溜井《をりとためい》と云《いう》。日蓮上人船へおりさせ玉《たま》ふ所《ところ》なりと里人云伝《さとびといいつた》ふ。勝間田の下流一町余南に一村有。二間田《ふたまた》村と云。今は俗《（ぞくに）》二股《ふたまた》村と書《（かく）》。

（注）千葉県船橋市西船五丁目三番八号の葛飾神社の東隣国道沿い。勝間田公園。
（注）哥枕。うたまくら。歌枕。歌を詠むときの典拠とすべき枕詞・名所など。また、それらを書き集め解説した書。古歌に詠み込まれた諸国の名所。
（注）清輔。きよすけ。藤原清輔。長治《ちょうじ》元年（一一〇四）～治承《じしょう》元年（一一七七）。平安後期の歌人・歌学者。六条家の出。従来の歌学の大成者で、歌壇の第一人者。清輔奥義《おうぎ》抄《しょう》。歌論書。三巻付一巻。成立年未詳。天治《てんじ》元年（一一二四）～仁平《にんぴょう》元年（一一五一）の間に成立か。その後も増補が続けられたとも思われ、平安後期までに成立か。崇徳《すとく》・二条《にじょう》の両天皇に献上された。従来の歌論・歌学の集大成で、後世への影響が大きい。
（注）八雲御抄。やくもみしょう。歌学書。六巻。順徳院撰。鎌倉初期の成立。正義・作法・枝葉・言語・名所・用意の六部に分れ、古来の歌学・歌論を集大成したもの。八雲抄。
（注）西行。さいぎょう。平安末・鎌倉初期の歌僧。俗名、佐藤義清《のりきよ》。法名、円位。鳥羽上皇に仕えて北面《ほくめん》の武士。二三歳の時、無常を感じて僧となり、高野山、晩年は伊勢を本拠に、陸奥《むつ》・四国にも旅し、河内国《かわちのくに》の弘川寺で没。述懐歌にすぐれ、新古今集《しんこきんしゅう》には九四首の最多歌数採録。家集「山家集《さんかしゅう》」。一一一八～一一九〇。
（注）『葛飾記』の関連個所を記す。

勝間田の池　附和歌、中山より東巽の方

是《これ》本郷村の内也《なり》、俗に本郷の溜池《ためいけ》と云《いう》、池を越れば、寺内村《てらうちむら》と云、舟橋海辺《ふなばしうみべ》の端《はし》、此《この》堤を往行《おうこう》する也、池の中定杭有《さだくいあり》、常に水なし、北の方《かた》一筋の堰《せき》水なり、中空原《なかからはら》にして潤《ひろ》し、圦《いり》樋有《ひあり》、池の上高き所、熊野三社権現のやしろ有《あり》、能景地成所《なるところ》なり、

景物

柳、花、蓮《はす》、鴨《かも》、杜若《とじゃく》、蘆《あし》、鮎《あゆ》、つれなし草、堤、槭《イキ》　水はなつ所也

万葉集十六

婦人

かつまたの池は我知《われし》るはちすなししかいふ君がひげなきがごと

家集

西行法師《さいぎょうほうし》

水なしと聞《きき》てふりにし勝またの池あらたむるさみだれの頃

千載集《せんざいしゅう》

肥後《ひご》

池もふり堤くづれて水もなしむべかつまたに鳥のゐざらむ

よみ人しらず

い井つゝむ心の水はかつまたのいけるもさの、つれなし草と

おなじく

水なしと見へて心にい井つゝむ流れは絶へぬかつまたの池

おなじく

五月雨《さみだれ》にみなぎる池はかつまたのかつ水ありといはざらめやも

おなじく

勝間田《かつまた》の池は水なきみはらにて蘆《あし》かりほせど只野《ただの》にほせるこゝちこそすれ

春日観レ海

山水目前風帆横、海堧芳草毯塘平、只流転有二沙鷗睡一、緩々融々遺二歩行一、

（注）『葛飾誌略』より関連個所を記す。

一、葛間田《かつまた》の池（千葉県船橋市西船五丁目三番八号の葛飾神社の東隣国道沿い）。当所（本郷村のこと）の池をいふ。此池は下総の名所にも出でて古き所也。此流下《このながれのした》に二間《ふたま》田《た》といふ所あり。八雲御抄《やくもみしょう》に「かつまたの池ははちすなし」と。又、万葉集にありとも詠《よ》めり。題林抄《だいりんしょう》に「かつまたの池は今は水なし」。云々《うんぬん》。

一、景物。柳花、蓮、杜若《とじゃく》、鴨、芦《あし》、鮎、つれなし草、堤 幷《ならびに》 桶。堤かくれば水もなし。

万葉集。かつまたの池は我しる蓮《はちす》なししかいふ君がひげ無きがごと　婦人。

家集。水なしと聞きてふりにしかつまたの池あらたまる五月雨の頃　西行。

是はちすなし水なしと詠めるかつまたの池の談、奇也。されど、何となく水ある体の歌

も多くありといふ。又、万葉集のかつまたの歌は、下総国のかつまたには非《あら》ずともいへり。

千載集。池もふり堤崩れて水もなしうべかつまたに鳥もゐざらん　肥後。

一、下《お》り所《と》の池（勝間田の池の別称）。此溜《このため》（勝間田の池のこと）をいふ也。是は昔、日蓮上人房州より仏法のために来り、此池より舟に乗りたりといふ。昔は此所より堀江村（行徳領堀江村のこと）迄渡し有り。又、鎌倉迄出勤の武士の舟路なりといへり。

（注）『江戸名所図会』より関連個所を記す。

勝間田《かつまた》の池　同所船橋街道の道傍《みちのかたわら》にあり。此所《このところ》も栗原本郷村の内なる故に、土民《どみん》本郷の溜池《ためいけ》と唱《とな》ふ。池より東は寺内村《てらうちむら》と云《い》ふ。池より西、小高き所に、熊野三所権現《くまのさんしょごんげん》の宮居《みやい》あり。萬善寺より兼帯奉祀《けんたいほうし》す。祭礼は九月十五日なり。

万葉

勝間田之池者《カツマタノイケハ》我知《ワレシル》蓮無《ハチスナシ》然言《シカイフ》君之《キミガ》鬚無《ヒゲナキ》如之《ガゴト》　新田部新王

右或ハ有リレ人聞テレ之ヲ曰ク。新田部新王《ニヒタベノミコ》出二遊シテ于堵裡《ミヤコノウチ》一御《ミタ》二見《マフ》勝間田之《カツマタノ》池一ヲ。感《メデ》二緒御《タマフミ》心《コヽロ》之中一ニ。還リレ自リ二彼池一不レ忍ビ二憐愛一ニ。於レ時ニ語テ二婦人一ニ曰ク。今日遊行見ル二勝間田ノ池一ヲ。水影濤々。蓮花灼々。可憐斷腸。不レ可カラレ得レ言フテ爾。乃チ婦人作リ二此戯歌一ヲ。専ラ輙チ吟詠スル也。

［勝地吐懐編《しょうちとくわいへん》］に、右和歌の註に、今日遊行勝間田池《こんにちゆぎょうかつまたのいけ》をみるとあれば、余国《よこく》に出《い》でぬ

事しるべし。又堵裡《みやこのうち》に出遊《しゅつゆう》して勝間田の池を御見《みたまふ》ともあるは、万葉集堵《と》は都《と》の字に通ひたり。然《しか》れば平城京にて添下郡《そふのしもごほり》なるべしとあり。［八雲御抄《やくもみしょう》］範兼卿《のりかねきょう》［五代集類字《ごだいしゅうるいじ》名所和歌集《めいしょわかしゅう》］等《とう》下総国とす。［清輔抄《きよすけしょう》］美作《みまさか》とす。［歌枕名寄《うたまくらなよせ》］もまた美作とす。考ふるに［良玉集《りょうぎょくしゅう》］に、初瀬へ参りけるに、勝間田の池をみて

　朽《く》ちにたるくひなかりせば勝間田の昔の池とたれかみてまし　道済

とあるは、奈良に其便《そのたより》ありと云々。

（和歌十三首は略す）

（注）『現代語訳成田参詣記』所収「高石明神の社」の項の解説文を一考すべきと考え長文なれども引用して記す。

○勝間田の池〈船橋市西船五丁目の勝間田公園はその跡〉

『万葉集』（巻十六、二十七丁）新田部親王《にたべのみこ》に献《けんず》る歌一首〈三八三五〉「勝間田《かつまた》の池はわれ知る蓮《はちす》無し然《しか》言ふ君の鬚《ひげ》無きがごと」〈あなたは勝間田の池の蓮《はす》をほめて私に気があるようにおっしゃいますが、御冗談でしょう。私にはよく分りますよ。丁度あなたのお顔にまるで鬚が無いみたいに〉左註に「右の歌について、或る人が聞いていうことには、新田部親王堵裡《とり》〈奈良京の内〉に出て遊び、勝間田の池を御覧になって、心の中で感嘆なさった。池より還《かえ》ってその賞美の思い止みがたく、側近寵愛《ちょうあい》の婦人に語られたことには、今日出遊して勝間田の池を見たところ、水の光が大波のようにたゆらいで、

蓮の花が照り輝いていた。そのすばらしさはちょうど腸を断ち切るほどで、言葉で表現することができない、とおっしゃった。その時、婦人がこのたわぶれ歌を作って、一途《いちず》に吟詠《ぎんえい》したということである」とある。『勝地吐懐編』〈一巻、契沖編、元禄五年《一六九二》成〉にも〈『勝地吐懐編標注』〈伴蒿蹊の増補校正、寛政《かんせい》四年刊〉に蒿蹊が言わく、契沖の説は全く『神中抄』の意を略して挙げられたものである。美作・下総という説も非である由、かの抄に見える〉、「今日遊行見㆓勝間田池㆒」といい、「又出㆓遊于堵裡㆒御㆓見勝間田之池㆒」とある。考えて見るに『万葉集』に堵の字は数か所にあり、皆都の字に通じている〈本居宣長が言うことに、「都・堵の音通は『万葉集』に往々ある。『古事記』に復奏を覆奏、『書紀』に復命を服命と書く如き例がある」と〉。であるから堵裏というのは都裏であって、奈良に近い所であろう。「今日遊行」と記していることから、他の国には出ないことを知るべきである。『奥儀抄』〈藤原清輔著、一一二四～一一五一の間に成立か〉・『歌枕名寄』〈澄月撰、一三一二～一三三六の間に成立〉等の書には美作国であるとしているのは『和名類聚抄』〈十巻および二十巻、源順撰、九三一～九三八の間に成立〉に美作国勝田《かつまた》郡勝田郷〈現岡山県勝田郡勝央町勝間田を中心とする地域〉があるのによったのであろう。同書に加都多《かつた》と訓じているが、『三代実録』〈五十巻、源能有・藤原時平・菅原道真らの撰、九〇一年成〉貞観二年《八六〇》八月の条に美作国勝間田郡とある。また遠江国蓁原郡勝田郷〈現静岡県榛原《はいばら》郡榛原町〉がある。この段には『和名抄』も加都万多《かつまた》と訓じている。勝田と書いて加都万多《かつまた》と訓じることと思われる。勝間田を勝田とだけ書くのは、諸国郡郷の名は二字に限るという制《さだ》めが出された後のことであろう。『八雲御抄』〈六巻、順徳院著、稿本は一二二一年頃成立〉・『範兼卿上代集』〈藤原範兼の『五代集歌枕』をさすか〉・『類聚名寄和歌集』〈不詳。「類字名所和歌集」〈七巻、里村昌琢編、元和三跋〉をさすか〉等の書には下総国とする。これは印旛郡《いんばぐん》に勝田《かつた》村〈上下に分ける〉〈現八千代市〉があり、これによられた説であろう〈斎藤氏の説に、葛飾郡本郷〈現船橋市〉の溜池を勝間田の池とするのは、土地の人のこじつけごとを信じたためであろう〉。勝間田という地名について歌などを詠むのは、右の外にもその名を有する地が存在する場合には悪くはないが、『万葉集』のは必ず大和の国である筈である。

勝間田の池を、『千載集』〈一一七二〉の「池もふり堤くづれて水もなしむべ勝間田に鳥も居ざらん」〈池も古くなり、堤は崩れ水も無くなってしまった。勝間田の池には鳥がいないというのは尤もだ〉という歌から、水の無い池とするが、『万葉集』の左注には水影濤々とあるので、元から水の無い池ではなかったであろう。伊能顕則《ひでのり》〈一八〇五～一八七七、佐原の出身。歌人、国学者〉は「勝間田は籠田《かたま》という義で、今は用いられていない田である。たとつは同じ行で相通する。その田から地名となり、その地にある池をかつまたの池と言うようになったのであろう。『新拾遺集』〈二十巻、勅撰和歌集の一つ、一三六四年成立〉以下の集にも、多く水の無い池と詠んでいるのも、この考えからであろう」と言っている。

▲正中山法花経寺

日蓮宗の霊石寺院で中山の荒行として有名な祈禱道場がある

開基日常上人。什宝等、寺記に委し。在中山村

（注）千葉県市川市中山二丁目十番。正中山《しょうちゅうざん》法華経寺《ほけきょうじ》。

（注）『「葛飾誌略」の世界』所収の「法花経寺」の項より由緒を引用。

法花経寺。法華経寺。千葉県市川市中山二丁目十番一号。

由緒。正中山《しょうちゅうざん》と号す。中山妙宗《みょうしゅう》。大本山。建長《けんちょう》六年（一二五四）下総国若宮《しもうさくにわかみや》の領主富《と》木胤継《きたねつぐ》（開基日常《にちじょう》）日蓮《にちれん》の弟子となる。文応《ぶんおう》元年（一二六〇）胤継の館（現奥之院《おくのいん》）に下向《げこう》、法華堂を建て釈迦立像《しゃかりゅうぞう》を安置して百日説法《ひゃくにちせっぽう》をする。文永《ぶんえい》二年（一二六五）鬼子母《きしも》神像《じんぞう》を刻み、安置し、のちにこの像を祈禱《きとう》の本尊として宗門《しゅうもん》唯一の祈禱根本道場《きとうこんぽんどうじょう》と定めた。文永十一年（一二七四）中山の豪族《ごうぞく》太田五郎左衛門乗明が中山の館（現境内）を寺として正中山本妙寺《ほんみょうじ》とした。弘安《こうあん》五年（一二八二）日蓮寂《じゃく》す。胤継は出家《しゅっけ》して日常と改

名、法華堂一世となる。同六年乗明没後本妙寺に入る。永仁《えいにん》七年（一二九九）乗明の子日《にっ》高《こう》（二世）に法華堂を譲る。のち法華堂と本妙寺を合併した。以来、中山流と称し七百余年、一時は門流《もんりゅう》七千余ケ寺に及ぶ。明治五年（一八七二）太政官令《だじょうかんれい》で身延《みのぶ》・池上等と五山契約を結び、日蓮宗に帰属する。昭和二十一年（一九四六）日蓮宗より離脱し、中山妙宗を創立、大本山となる。のちに日蓮宗に復帰し、現在は日蓮宗の霊跡《れいせき》寺院に位置付けられている。祈禱道場は中山の荒行《あらぎょう》として有名。鬼子母神は子育ての守護神。日蓮作。

（注）『葛飾記』より関連個所を記す。

中山　市川宿《いちかわしゅく》より一里有《あり》、附タリ泣銀杏《なきいちょう》、寺領十石

右同所（鬼越村からということ）より少し行《いく》、海道石碑《かいどうせきひ》有《あり》、惣門《そうもん》見ゆる、惣門を越《こし》て山門に入《い》る、額正中山《かくしょうちゅうざん》、光悦筆《こうえつひつ》　院家《いんけ》の坊舎《ぼうしゃ》左右に有《あ》り、本堂の庭前《にわまえ》に入《い》り、右に常題目堂《じょうだいもくどう》、向《むかい》に五重の塔、同《おなじく》濡《ぬ》レ大仏有り、左に経蔵《きょうぞう》有り、本堂は祖師堂《そしどう》、額祖師堂 後《うしろ》に西の方《かた》鬼子母神《きしもじん》の堂有り、毎月十七日夜、近郷隣辺《きんごうりんぺん》より夥敷参籠《おびただしきさんろう》の賑《にぎわ》ひ有《あり》し、同後《おなじくうし》ロ祖師御説法《ごせっぽう》の堂あり、飛騨《ひだ》内匠《たくみ》建《たて》し儘《まま》古き堂也、右の方《かた》門を入《いる》、客殿有り、同《おなじく》続き庫裏《くり》あり、客殿は能《よ》き座敷也、其《その》奥に宝文庫《ほうぶんこ》有《あり》、戸前《とまえ》迄《まで》は長き廊下を行《いく》、戸前、毘沙門《びしゃもん》、広目《こうもく》の二天立給《たちたま》ふ、正中山《しょうちゅうざん》妙法華経寺《みょうほけきょうじ》と号《ごう》す、土岐氏入道日常聖人《ときしにゅうどうにちじょうしょうにん》の開基《かいき》也、初祖聖人御自筆《おんじひつ》の曼荼羅《まんだら》并《ならびに》消《しょう》息等《そくなど》、什宝物《じゅうほうもつ》数々有《あり》、毎年七月七日、開帳《かいちょう》有レ《これ》之也《あるなり》、尤《もっとも》、身延《みのぶ》と池上《いけがみ》とへ相配《あいくば》り、昔より一本寺《いっぽんでら》也、境内広く、堂宇《どうう》、坊舎無双《ぼうしゃむそう》の霊場《れいじょう》也、近来、延享《えんきょう》年中（一七四四〜四

七）、院家より申出《もうしで》て、公事《くじ》の事有《あり》、京都を末寺には立たず、京都よりも祖師の本《もと》たる故《ゆえ》、支配成難《なりがた》きよしにて、院家の衆不首尾也《しゅうふしゅびなり》し由《よし》也、毎年三月十三日より十九日迄、十月も同《おな》じく、都鄙《とひ》共に参詣《さんけい》、貴賤《きせん》男女群集する事　夥《おびただ》し、また、三月は千部音楽有《あり》、毎年七月十五日相撲有、近在より集る、又、此《この》地中に泣銀杏《なきいちょう》といふいてふの樹有、是《これ》は、真間《まま》の日頂聖人《にっちょうしょうにん》は日常聖人《にちじょうしょうにん》の子也、久しく勘当《かんどう》を得て恩顔《おんがん》を拝する事能《あた》はず、此所《このところ》へ来《きた》り給候《たまいそうろう》ても、更に対面《たいめん》なき故《ゆえ》、此銀杏《このいちょう》の木の下に幾度《いくたび》も哭《な》ひて、帰り給《たま》ひしと也、此故《このゆえ》に泣銀杏と云《いえ》るとなり、

（注）『葛飾誌略』より関連個所を記す。

一、法華経寺。正中山といふ。御朱印《ごしゅいん》五十四石《こく》壹斗《と》。開基日常上人《しょうにん》。上人は真間《まま》日頂上人の実子也（前述の『葛飾記』では日頂上人が日常上人の子としていて異なる）。鎌倉の代に家栄えて富木播磨守入道常忠《ときはりまのかみにゅうどうつねただ》といへり。則《すなわ》ち此地《このち》居館なりしを、祖師に帰依《きえ》有りて御弟子《おんでし》と成り、師と共に宗を弘め、大伽藍建立《だいがらんこんりゅう》有りし也。

（注）『遊歴雑記《ゆうれきざっき》初編１』より関連個所を記す。

三十三

一　下総国葛飾郡《しもうさのくにかつしかごおり》中山法花経［日蓮宗］（千葉県市川市中山）は、八幡宿《やわたじゅく》の東北側五六町《ちょう》にあり、路傍の建石に、正中山妙法花経寺と刻せり、是《これ》日蓮宗一致派の五ケの本寺の其ひとつたり、

往来《おうらい》より惣門《そうもん》まで北へ向て行事《ゆくこと》凡《およそ》弐町ばかり、両側軒《のき》をならべて家居《かきょ》せるは百性《ひゃくしょう》(姓)にして、宗旨《しゅうし》の行暮《いきくれ》し者をば止宿《としゅく》を許すとなん、斯《かく》て惣門にいたるに、五句五行の額かゝれり、下より見あぐる処《ところ》、長さ凡八尺《しゃく》ばかり、幅四尺余《よ》もあらん歟《か》、筆者の名印《めいいん》なし、何人《なんびと》の筆にや、額左《さ》のごとし(注:省略)、

右惣門の際《きわ》の右に、一山禁制の高札を建《たて》たり、是より自然に爪先あがりに、凡弐町ばかりにして仁王門にいたる、此両側の左右は、あやしの商人軒をつらね家居す、

扨《さて》仁王門は南面にして七間《けん》ばかり、銅瓦を以《もっ》て葺《ふき》たり、此二重門悉《ことごと》く光明丹《こうみょうたん》(注:鉛丹の別称。酸化鉛三)にて赤く塗《ぬ》れり、去年中再建出来《しゅったい》せしとて、いまだ新らし、此二重門の上に、竪《たて》三字の額をかけて正中山と書す、筆者の名及び印なし、

此門を過てより両側は、地家おのおの門を搆え七八ケ寺家居す、されば仁王門より内は次第に爪先さがりに低く、壱町ばかりにして石橋あり、右の方《かた》には常題目堂《じょうだいもくどう》ありて、太《たい》鼓《こ》に合せて題目を謳《うた》ふ、是より折まがり西へ向ひ、壱町斗《ばかり》にして祖師堂あり、

境内広しと雖《いえども》、辺鄙《へんぴ》の田舎寺の無人故にや、垣根も搆えも埒《らち》もなく、掃除の行届《ゆきとどき》かねて甚汚穢《はなはだむさくろ》し、又左《ひだ》りの杉林の内は惣《すべて》墓と見ゆ、されば祖師堂の前左側に手水《てうず》屋形あり、爰《ここ》に紅梅の一株今を真盛《まっさかり》に咲揃《さきそろ》ひし風情《ふぜい》は、又いふべき様もあらず、

扨《さて》、祖師堂を離れて、遙《はるか》右の方《かた》に一搆の僧房《そうぼう》は法花経寺の本坊と見えて、鐘楼堂《しょうろうどう》その前にあり、されど池上本門寺《いけがみほんもんじ》の僧房に比《ひ》すれば、棟作り余程手狭《てぜま》と覚《おぼ》ゆ、

扨《さて》祖師堂は十間四面《じゅっけんしめん》、土足《どそく》にて内陳（陣）外へ参詣《さんけい》す、その摸様真間弘法寺《ままぐほうじ》の祖師堂に異ならず、此堂甚《はなはだ》古物にして、弐百有余年火災の難なしとかや、此堂中の正面の横三字の額は、本阿弥光悦《ほんあみこうえつ》の筆也、下より見あぐる処《ところ》、長さ五尺ばかり、横弐尺六七寸《すん》に見ゆ、木地の額にして、文字のみ彫《ほり》て紺青《こんじょう》を入《いれ》たり、凡《およそ》光悦の筆は当寺と本門寺のみ残りて、本朝三筆の壱人とす、予爰《ここ》に来る事は、此額を見ん為ばかりなれば、写し来りて筆法をしるす、（著者注：額三字省略）

一　祖師堂の右の庇下《ひさししした》に仏供処《ぶっくどころ》（仏にそなえるものを置くところ）ありて、道心《どうしん》壱人居《お》れり、是朝夕内陳及び堂内を掃除し、祖師へ供物《くもつ》を上《たてまつ》るを司《つかさど》れるにや、此堂の後《うしろ》小高き処に小社三ツあり、太神宮《だいじんぐう》と八幡宮《はちまんぐう》と鬼子母神《きしもじん》也、皆おのおの三間四面銅瓦たり、境内広く七堂成就《しちどうじょうじゅ》せりと雖《いえども》、只渺々《びょうびょう》としたるのみにて、不掃除にむさくろしく、池上本門寺には十双倍劣れりといはん歟《か》、只能《よく》伽監（藍）・僧坊・境内の隅々まで綺麗なるは、禅家の外にあるべからず、

此日快晴にして風なく長閑《のどか》なれど、参詣の人至《いたっ》て稀《まれ》に、良《やや》しばらく祖師堂に憩《いこ》ひ摺火《すりひ》打《うち》取出し、たばこ数服吸《すへ》ど、人とては広き境内に道心と烏暁《うしょう》とわれら只三人のみ也、頓《やが》て矢立《やたて》取出し、祖師堂の丸柱に楽書《らくしょ》（らくがき）し置きけり、

しづかさや只折《ただおり》ふしはとりの経　　鮮僧　以風

法花経も寺に似合ふやとりの声　　烏暁

（注）『江戸名所図会』より関連個所を記す。

正中山本妙法華経寺《しょうちゅうざんほんみょうほけきょうじ》　船橋街道の左側（千葉に向って左ということ）にあり。此地を中山村といふ。日蓮大士最初転法輪《にちれんだいしさいしょてんぼうりん》の道場にして、一本寺《いっぽんじ》なり。開山は日常《にちじょう》上人。中興は日祐尊師《にちゆうそんし》たり。

（中略）

法華堂《ほっけどう》　同左《おなじくひだり》にならぶ。大士手刻《だいししゅこく》の一尊四菩薩《いっそんしぼさつ》の像を安置す。此所《このところ》は太田乗明《おおたのりあきら》の宅地なり。乗明日常上人の教《おしえ》を受け、自《みずから》の宅地を転じて仏宇《ぶつう》とし、正中山本妙寺《しょうちゅうざんほんみょうじ》と号す。則《すなわち》此堂は其頃営建《えいこん》する所の儘《まゝ》にして、世俗云《い》ふ、飛騨匠《ひだのたくみ》が作る所なりと。当時宗祖大士最初転法輪法華説法《さいしょてんぼうりんほっけせっぽう》の道場なり。額『光明《こうみょう》法華経寺』、光悦筆《こうえつのふで》、堂内外陣《どうないげじん》の家帯《なげし》に掲《か》く。此堂の軒《のき》に宗祖大士より常忍《じょうにん》へ贈らるゝ所の消息《しょうそく》の写《うつし》を板に書きて掲《か》く。其文《ぶん》に云《いわ》く、

銭《ぜに》四貫《かん》をもちて一圓浮提第一《いちえんぶだいだいいち》の法華堂造《つくり》たりと霊山浄土《りょうぜんじょうど》に御《おん》まゐり候《そうら》はん時は申《もうし》あげさせ候《そうら》へかし恐々《きょうきょう》

十月二十二日　日蓮判

進上　富城入道殿

御返事

真書《しんしょ》は宝庫《ほうこ》に収《おさ》む。世に銭四貫をもて造ると云ひ伝ふるもの是なり。

（後略）

（注）『現代語訳成田参詣記』より関連個所を記す。

正中山本妙法華経寺《しょうちゅうざんほんみょうほっけきょうじ》（応永《おうえい》二十七年《一四二〇》千葉介兼胤文書《ちばのすけかねたねもんじょ》〈後出〉に、下総国八幡庄《しもうさのくにやわたのしょう》本妙法華経寺・法華経寺・弘法寺《ぐほうじ》の三か所の寺務職云々《しきうんぬん》と見える。今は両寺の号を合わせて本妙法華経寺という）

中山村〈現市川市中山〉にある。寺領は五十石一斗余り（天正《てんしょう》十九年《一五九一》辛卯《かのとう》十一月）。日蓮上人《にちれんしょうにん》が初めて仏法《ぶっぽう》を説かれた道場である。創建者の土岐《とき》播磨守《はりまのかみ》は、もと因幡国《いなばのくに》富城《とき》の産である（富城は、因幡国巨濃《この》郡の郷名である。『和名類聚抄《わみょうるいじゅしょう》』〈辞書。源順撰、承平《しょうへい》年《九三一～九三八》間成立、十巻本と二十巻本がある。ここでは後者〉には、罵城〈度木と割註の訓を施している〉に作っている。或る説に、罵は富であって、草体を見誤ったのであろうと）。此の地に移住してから鎌倉に仕えたが、弘安《一二七八～一二八八》の昔に日蓮上人に帰依《きえ》し、仏門に入って日常と号した（正安《しょうあん》元年《一二九九》己亥《つちのとい》三月二十日逝去《せいきょ》、年八十。墓碑は奥の院の地にある）。すぐに自分の居宅の土地を喜捨《きしゃ》し（或る書〈著者注：『江戸名所図会』のことか〉に云うことには、太田五郎左衛門《おおたごろうざえもん》乗明《じょうみょう》が日常《にちじょう》の教えを受けて、自分から宅地を転じて寺院とし、正中山本妙寺《しょうちゅうざんほんみょうじ》と号したと。乗明は中山民部少輔康連《なかやまみんぶのしょうゆうやすつら》の子である。今の本堂の場所は、この乗明の宅地で本妙寺の址《あと》である。〇法華堂の元地は、東の方三町程の所で、土手《どて》形《かた》が今猶存している。富城《とき》の宅地だったところで、今、奥の院と呼ばれている。ここにあった法華堂を俗に四貫堂《しかんどう》という。今は本堂の後に移してある）、法華経を広く宣伝する大道場とした。二祖を日高《にっこう》上人（正和《しょうわ》三年《一三一四》四月二十六日逝去、年五十六）、三祖を日祐《にちゆう》上人という（大輪《だいりん》阿闍梨《あじゃり》〈正しくは大輔阿闍梨〉と称せられる。応安《おうあん》七年《一三七四》五月十九日逝去、年七十八。今の本堂より西南《さいなん》の方《かた》二町程に、祐師山《ゆうしやま》と云われるのがあり、その墳墓《ふんぼ》の地である。ここには二世日高上人の碑も存する）。その後十二世日珖《にっこう》上人の時、今の御朱印状を賜《たまわ》ったという（日珖は慶長《けいちょう》三年《一五九八》戊戌《つちのえいぬ》八月二十七日逝去）。

同一境内にあって本寺に付属する支院が二十四存する（浄光院・法宣院・本行院・安世院・智泉院・遠寿院・玄授院・久城房・陽雲房・福寿房・本光房・正善房・山本房・氏本房・蓮経房・本妙房・善心房・玉樹房・善蔵房・玄養房・延寿房・恵雲房・清水房・常経房等である〈現存するのは浄光院・法宣院・本行院・安世《せい》院・智泉院・遠《おん》寿院・陽雲寺（房）・本光寺（房）・蓮行寺（経房）・本妙寺（房）・高見寺（玉樹房）・清水《せいすい》寺（房）・浄鏡寺（常経房）の十三〉）。

（注）『千葉県東葛飾郡誌（二）』より。

法華経寺の泣銀杏《なきいちょう》。中山村法華経寺境内に在《あ》り、五十宝塔の傍《かたわら》、富木殿《ときどの》の乗馬を埋め祠りし小なる駒形堂《こまがたどう》の辺《あたり》、直幹聳立雲際《しょうりつくもきわ》を掠《かす》むる大銀杏《おおいちょう》あり。これぞ秋風除に落ち葉を散し、冬月《とうげつ》寒く枯梢《こしょう》に冴《さえ》ふる候《そうろう》ならざるも、六百星霜一日《せいそういちじつ》の如《ごと》く涙を以《もっ》て当門葉《とうもんよう》を誡《いまし》め、本化《ほんげ》の家風を教へつゝ、ある哀《かなしみ》の形見の名木なりと、いでや中山史が語る其儘《そのまま》の哀史《あいし》に筆を染めん哉《や》。

(注)『市川市史』第二巻より。
法華経寺。日蓮宗。創建、元徳《げんとく》三年(一三三一)。開山、日常上人。開基、富木五郎胤継。本尊、釈迦如来・多宝如来・日蓮上人像。大本山。

▲高石大明神《たかいしだいみょうじん》

在高石神村《たかいしがみむら》

国府台合戦《こうのだいかっせん》に由緒のある神社

里見義弘《さとみよしひろ》の舎弟《しゃてい》、上総国大多喜《かずさのくにおおたき》の城主正木大膳亮時綱《まさきだいぜんのすけときつな》の霊を祭る。『里見軍記』曰《いわく》、永禄《えいろく》七年(一五六四)正月七日八日合戦、里美(見)義弘岩槻《いはつき》の城主太田三楽斎《おおたさんらくさい》、鴻臺《こうのだい》に出張《でばり》して北条《ほうじょう》氏康《うじやす》・氏政《うじまさ》と戦(ふ)。正木大膳は手の者僅《わずか》二十騎斗に討なされて前後を見合《みあわせ》、扣居《ひかえい》たるを小《お》田原勢《だわらぜい》四五百騎、短兵急《たんぺいきゅう》に打《うっ》てかゝる。時綱進んで敵二十余人を薙倒《なぎたお》し義弘の跡をしたひ上総の方へぞ落《おち》にける。嫡子弾正左エ門《ちゃくしだんじょうざもん》は尚駈入《なおかけいり》て戦ふ所に山角伊豫守《やまかどいよのかみ》、覘寄《ねらひより》て無手《むて》と組《くみ》、両馬が間に落重り、正木左の手を以《もっ》て山角を取て押へけるが馬の上より落さまに、右の腕を打おりしかば太刀《たち》取て刺《さす》に堪《(たえ)》ず、砕《ねぢ》殺さんとおもひけるにや、曳曳《えいえい》声を出して押付《おしつけ》るに、下より山角、三刀《さんたち》まで腰の番《つがひ》を刺通し終《つい》に正木を刎返《はねかえ》し首を取てさし揚げたり下略

此軍記によらば大膳は落行《おちゆき》、嫡

子弾正討死と見ゆ。高石明神は弾正左衛門を祭る歟《や》。未審《いぶかし》。

(注)高石神社。千葉県市川市高石神一番一〇号。

(注)永禄《えいろく》七年(一五六四)正月七日八日合戦。第二次国府台合戦のこと。

(注)『葛飾記』より関連個所を記す。

高石大明神《たかいしだいみょうじん》 舟橋海道《ふなばしかいどう》少し左方脇也《かたわきなり》、八幡《やわた》よりたつみの方《かた》

此所《このところ》、間ィの宿鬼越村《おにごえむら》と云《いう》の続き、深町《ふかまち》といふ、本名高石神村《たかいしがみむら》と云、中山より西也、(中略)此《この》深町の入口高き所に、高石明神の社有《やしろあり》、是《これ》は里見義弘《さとみよしひろ》の弟上総国大多喜《かずさのくにおおたき》の城主正《まさ》木大膳《きだいぜん》(江戸砂子《えどすなご》には内膳《ないぜん》とあり)の廟所《びょうしょ》なり、此故《このゆえ》に、御神体《ごしんたい》は剣戟《けんげき》を帯《たい》したる馬上の軍神也、則《すなわち》此所の鎮守也、正木大膳の事、前《さき》の国府台《こうのだい》の所に見へたり、

(後略)

(注)『葛飾誌略』より関連個所を記す。

一、高石神社 当村(高石神村のこと)鎮守也。社地は鬼越村地内也。別当《べっとう》養福寺(泰福寺のこと)。正木大膳亮《すけ》時綱舎弟正木弾正左衛門(『勝鹿図志手くりふね』及び『葛飾記』とは人名が異なる)の霊を祭る也。

(注)『江戸名所図会』より関連個所を記す。

高石明神社《たかいしみょうじんのやしろ》 八幡《やわた》より東の方《かた》、佐倉《さくら》街道鬼越村深町《おにこしむらふかまち》の入口、道より左(木下に向っ

てということ）の岡にあり。別当は日蓮宗にして泰福寺《たいふくじ》と号す。祭礼は九月九日なり。土人《どじん》伝《つた》へ云《い》ふ、当社は里見安房守義弘《さとみあわのかみよしひろ》の弟、南総大多木《なんそうおおたき》の城主正木内膳亮時総《まさきないぜんのすけときふさ》の墳墓なりといへり。正木内膳の事諸説あれども、繁《しげ》きを厭《きら》ひてこゝに略す。神体は剣を帯せし馬上軍神《ぐんじん》の像なりといふ。

（後略）

『勝鹿図志手くりふね』『葛飾記』『葛飾誌略』とは人名が異なる。

（注）『現代語訳成田参詣記』より関連個所を記す。

高石《たかいし》明神の社

高石村〈現市川市高石神。現在は高石神社〉にある。神功皇后《じんぐうこうごう》を祀っている。御身躰は石であるという。九月九日を祭日としている。別当は泰福寺《たいふくじ》〈日蓮宗〉である。

▲安房《あわ》の須大明神《すだいみょうじん》　在同村

中山から国府台まで里見の霊を祀る小祠が多い

里見越前守忠弘《さとみえちぜんのかみただひろ》の男《なん》、里見長九郎弘次《ひろつぐ》の霊を祭る。是《これ》も永禄《えいろく》七年（一五六四）正月の合戦、十六歳にて戦死の地也《なり》。北条《ほうじょう》の長臣《ちょうしん》松田尾張守《おわりのかみ》討《うち》とりて後《のち》に佛家《ぶつけ》に入《いり》、今蓮生《れんじょう》と呼《よぶ》。又俗心《ぞくしん》はなれがたきにや、老後に逆意《ぎゃくい》を挟《はさ》み上方勢に同心なす。北条家怒《いかり》てこれを責《せ》（め）、終《つい》に罪に死すと云云《うんぬん》。

（注）安房神社。千葉県市川市中山四丁目三番二五号。法華経寺の西方、高台に鎮座。

（注）『葛飾記』より関連個所を記す。

安房《あわ》ノ須《す》大明神 附里見長九郎の事

是《これ》も同所（高石神村）深町《ふかまち》の辺《あたり》にあり、是は正木大膳《まさきだいぜん》の兄里見越前守成平《さとみえちぜんのかみなりひら》の子息《しそく》長九郎の廟所也《びょうしょなり》とぞ、十六歳にて此所《このところ》に討死《うちじに》す、北條氏康《ほうじょううじやす》の家臣松田左近《まつださこん》これを討つ、即時《そくじ》に発心《ほっしん》して、是を後《のち》の蓮生《れんじょう》といひしとかや、松田尾張守《おわりのかみ》、後に心変りして、渡辺勘兵衛《かんべえ》同心して、主人の城を箱根口より切抜《きりぬき》て、上方の勢《ぜい》を引入《ひきいれ》んとして、主人氏政《うじまさ》より責《せめ》られ、終《つい》に罪に死すと云《いえ》り、（中略）本国は安房国《あわのくに》なればとて、安房のす明神と崇《あが》め号《なづ》けし、と里老《さとろう》の物語を聞候《ききそうらわ》き、此故に、元は安房の頭《ヅ》明神と云ひしとかや、

（後略）

（注）『葛飾誌略』より関連個所を記す。

一、安房の須祠。当村（高石神村）にあり。里見越前守忠弘男《なん》里見長九郎弘次の霊を祭る也。永禄《えいろく》七年（一五六四）正月の軍《いくさ》也。忠（原文のママ）弘生年十六歳、勇力《ゆうりき》にして血戦す。終《つい》に松田尾張守に討れし也。古老云《い》ふ、すべて此辺《このあたり》より国府臺《こうのだい》迄に小祠の多きは、其頃の勇士戦死の霊を祭るもの多しと。云々《うんぬん》。里見軍記に云《い》ふ。永禄七年（一五六四）正月八日

合戦。里見義弘・岩槻城主太田三楽斎、鴻《こう》の臺《だい》に出張《でばり》し、北條氏康・氏政と戦ひ、正木大膳は手の者僅二十騎ばかりに討ちなされ、前後を見合せ控へたるに、小田原勢四五百騎、短兵急に打ってかゝる。時綱進んで敵兵廿余人薙ぎ倒し、義弘の跡を慕ひ、上総国《かずさのくに》へぞ落ち行きける。嫡子《ちゃくし》弾正左衛門は、なほ深入りして戦ふ所に、山角伊予守覘《うかが》ひ寄りて無手と組み、両馬が間に落ち重る。正木左の手を以て山角を取つて押へけるが、馬より落ちざま右の腕を打折りしかば、太刀《たち》取つて刺すに堪へず。捻《ね》ぢ殺さんと思ひけるにや、曳々《えいえい》声を出し押し付けけるに、下より山角三太刀まで腰の番《つが》ひを刺し通し、終に正木を刎ね返し、首を取つて差《さ》し揚げたり。云々。

（注）『江戸名所図会』より関連個所を記す。

安房須明神社《あわすみょうじんのやしろ》　同所中山の北、池田といふより北の岡にあり。傳《つた》へ云《い》ふ、里見越前守忠弘の息男《そくなん》、里見長九郎弘次の墓なりといへり。今淡島明神《あわしまみょうじん》とす。今猶《いまなお》塚の形存《そん》せり。

［北條五代記］に、里見長九郎弘次、生年《しょうねん》十五歳、初陣《ういじん》なりしが、桃花馬《つきげのうま》に乗り、母衣《ほろ》をかけ、弓を持ちて、たゞ一騎はるかに落ち行くを、相模国《さがみのくに》の住人松田左京亮康吉《さきょうのすけやすよし》追《おっ》かけ、組んで落ちたり。既に首を取らんとせしかど、容貌美麗《ようぼうびれい》にして、花の如き少年なりしかば、たすけばやと思ひしかど、味方雲霞《うんか》の如く走《は》せ来《きた》り、首をうばひとらんとす。力およばず首討ち落《おと》しけれど、さすがにたけき康吉も涙にくれて前後に迷ふ。かゝるうき目にあふ事は、弓箭《ゆみや》に携《たずさわ》るが故なりと発心《ほっしん》して、帰国におよばず出家して、浮《ふ》

世《せい》と改名し、一筋に弘次の跡をとふと云々。（後略）

在八幡宿《やわたしゅく》

▲八幡宮《はちまんぐう》

大風で倒れた大木の根元から古鐘出現

社地に年ふりたる大木有《あり》。寛政辛亥《かんせいかのとい》の秋大風に吹倒されしを伐《かり》とり根株を堀《（ママ）》おこせしに、地中より撞鐘出現せり。其《その》銘ニ曰《いわく》

敬奉治鋳銅鐘

大日本国。東州下総。第一鎮守。葛飾八幡《はちまん》。是大菩薩。伝聞寛平《かんぴょう》。宇多天皇。勅願社壇。建久《けんきゅう》以来。右大将軍。崇敬殊勝。天長地久。前横巨海。後連遠村。魚虫生動。烏《（ママ）》鐘暁声。人獣眠覚。金磬《（ママ）》夜響。永除煩悩《ぼんのう》。能証菩提《ぼだい》。元亨《げんこう》元歳《（ママ）》辛酉《かのととり》（一三二一）十二月十七日　願主右衛門尉丸子真吉

（注）葛飾八幡宮《かつしかはちまんぐう》。千葉県市川市八幡《やわた》四丁目二番一号。下総国の総鎮守。貞観《じょうがん》年中（八五九～八七七）日本全国六十余州に総社八幡《はちまん》を置いた。

（注）寛平《かんぴょう》年間（八八九～九七）、宇多《うだ》天皇の勅願《ちょくがん》によって京都石清水八幡宮《いわしみずはちまんぐう》を勧請《かんじょう》し、

別宮となる。源頼朝《みなもとのよりとも》の崇敬《すうけい》をうけた。以上のことは、寛政《かんせい》五年（一七九三）に境内から発掘された元亨元年《げんこうがんねん》（一三二一）十二月十七日の年紀がある梵鐘《ぼんしょう》に記載がある（『市川市史』第二巻）。

（注）『葛飾記』より関連個所を記す。

八幡宮《はちまんぐう》 附八幡《やわた》、社領、不知《しらず》ノ森《もり》、寺領

市川村より巽《たつ》ミ、行徳よりは艮《うしと》ラの方也《かたなり》、船橋、佐倉、銚子、上総《かずさ》、房州《ぼうしゅう》の海辺《うみべ》、駅綱《ムマツナギ》也《なり》、是、聖武皇帝《しょうむこうてい》の御願《ぎょがん》、国々に御《ご》鎮座まします八幡宮《はちまんぐう》の下総国《しもうさのくに》第一の御社《おやしろ》也、御《ご》神体は、仲哀帝《ちゅうあいてい》の御子《みこ》、人王十六代応神帝《おうじんてい》也、御母《おんはは》は神功皇后気長足妃《じんぐうこうごうオキナガタラシヒメ》と号《ごう》す、

（後略）

（注）『葛飾誌略』より関連個所を記す。

一、八幡宮。相殿二前。天照大神《あまてらすおおかみ》、春日明神。御朱印《ごしゅいん》五拾石《こく》。男山八幡宮勧請《おやまはちまんぐうかんじょう》。寛平《かんぴょう》年中（八八九～九七）勅願所。国家鎮護として日本国中に一社づつ鎮座ましまし、其所をも八幡《はちまん》と号せり。凡《およそ》九百十余年に及ぶ。

（中略）

一、祭礼。（中略）又、寛政《かんせい》五癸丑年《みずのとうしのとし》（一七九三）正月十一日、本社西の朽木《くちき》の根の下より鐘一口掘り出せり。銘左に。

敬奉治鑄銅鐘 丈三尺。龍頭《りゅうず》七寸五分。指渡《さしわたし》二尺一寸。

大日本國　東州下總　第一鎮守　葛餝八幡　是大菩薩　傳聞寛平　宇多天皇　勅願社壇
建久以來　右大将軍　崇敬殊勝　天長地久　前横巨海　後連遠村　魚虫性動　梟鐘曉聲
人獸眠覺　金磬夜響　永除煩惱　能證菩提
元亨元年《げんこうがんねん》（一三二一）辛酉《かのととり》十二月十七日。願主右衛門尉《うえもんのじょう》丸子眞吉。別當法印智圓。

（後略）

（注）『江戸名所図会』より関連個所を記す。

葛飾八幡宮　真間《まま》より一里あまり東の方《かた》、八幡村《やわたむら》にあり。常陸《ひたち》幷《ならびに》房総《ぼうそう》の街道にして、驛《うまや》なり。（後略）

古鐘一口《こしょういっこう》　寛政《かんせい》年間（一七八九～一八〇〇）枯木の根を穿《うが》つとて是を得たり。其丈《そのたけ》三尺七寸あまり、龍頭《りゅうず》の側《かたわら》に、応永《おうえい》二十一年（一四一四）午《うま》三月二十一日と彫り付けてあり。

按《あん》ずるに、応永《おうえい》は、鐘の銘にしるす所の元亨元年《げんこうがんねん》（一三二一）よりは凡九十有余年後《のち》の年号なり。もしくは応永の頃、乱世を恐れて土中へかくし埋めける時、其年号月日を刻するにや。

奉ル二治鑄シ一銅鐘

大日本國。東州下總。第一鎮守。葛飾八幡。是ノ大菩薩ハ。傳ヘ聞ク寛平。宇多天皇。勅願ノ社壇ト。建久以來。右大将軍。崇敬殊勝。天長地久ナリ。前ニ横ハリ二巨海一。後ニ連ル二遠村㆒。京蟲性動。梟鐘曉ニ聲スレバ。人戦キ眠覺ム。金啓夜響ケバ。永ク除キニ煩惱㆒ヲ。能ク證スニ菩提㆒ヲ。

元亨元年《げんこうがんねん》（一三二一）辛酉《かのととり》十二月十七日

願主右衛門尉《じょう》丸子眞吉
別當　法印智圓

（後略）

（注）『現代語訳成田参詣記』より関連個所を記す。

八幡社《はちまんのやしろ》〈葛飾八幡宮〉

八幡村《やわたむら》〈現市川市八幡《やわた》四丁目〉にある（北の方に古八幡《こやわた》〈現市川市八幡〉という村がある。元の地であろう）。社領五十二石（天正《てんしょう》十九年《一五九一》辛卯《かのとう》十一月）。社《やしろ》の伝えによると、宇《う》多天皇の勅願によって寛平《かんぴょう》年間〈八八九〜八九八〉に石清水八幡《いわしみずはちまん》〈京都府綴喜郡八幡町〉を移し祀られ（中略）、建久《けんきゅう》中〈一一九〇〜一一九九〉に至って源右将《げんのうしょう》〈右大将頼朝〉が修造を加えられた（当社の伝えではこれを正説とする。元亨《げんこう》中〈一三二一〜一三二四〉の鐘銘《しょうめい》に拠《よ》ったのであろう）。（後略）

この項の末に○古鐘一口の解説文があるのでそれを記す。

○古鐘一口《こしょういっこう》（寛政《かんしょう(ママ)》五年《一七九三》の秋、槻《けやき》の大木が風で吹き倒れ、その枯木の根を掘り出した時に出土した。竜頭《りゅうず》の側《かたわら》に「応永云々《おうえいうんぬん》」〈応永二十八年《一四二一》三月二十一日〉と鐫《ほ》ってある。『江戸名所図会』に、「古昔《いにしえのむかし》戦争の折に、土地の人が掠奪《りゃくだつ》せられるのを恐れて、土中へ埋めた時の歳月であろう」という。しかし、そういう際に年月を刻むひまがあったとも思われない。考えてみるに、元亨《一三二一》の鐘は火災にかかり、応永中に改鋳したその年月であろう。但し識文《ぶん》は原《もと》のままによられたものであろう〈千葉県指定文化財〉）。

▲八幡不知森《やはたしらずのもり》

諸国に聞こえて名高き杜《もり》、魔所なりとする説を否定か

日本武尊《やまとたけるのみこと》八陣《はちじん》を布せ給《たま》ひし跡なる故《ゆえ》、人出《ひとで》る事あたはずと云伝《いいつた》ふ。

按《あんず》るに八陣の法は武内大臣《たけうちだいじん》初《はじめ》て漢土《かんど》より学び来りて応神《おうじん》天皇に伝《つた》へ奉《たてまつ》る。（応神天皇は日本《やまと》武《たける》の御孫《おんまご》也）此《この》天皇八陣の法よく熟し諳《そらん》じ玉《たま》ひ国中大平なりしとぞ。所謂《いわゆる》八陣には八本の幡《はた》有（る）所以《ゆへ》に後人《のちのひと》、応神天皇を八幡武太神と崇《あが》め奉る。又云《いう》、御誕生の時、白幡八流《しらはたはちりゅう》下《くだ》り立《たち》たるいわれにより八幡《はちまん》とも云《いう》といへり。かくあれど、景行《けいこう》天皇の代《よ》八陣の法日本に伝《つたわ》りたる事を聞《（きか）》ず。只、日本武尊の御《ご》陣所跡《じんしょあと》なれば恐れて入る事を禁ぜしものならん。

（注）千葉県市川市八幡《やわた》二丁目八番。国道14号（千葉街道）西側。市川市役所向かい側。

(注)金堤の記述を読むと他の地誌の記載を退けているものと推測できる。

(注)八陣。はちじん。中国の兵法で、八種類の陣立《じんだて》。孫子・呉子・諸葛孔明《しょかつこうめい》の作など各種あり、大江維時が伝えたとされるものは魚鱗《ぎょりん》・鶴翼《かくよく》・長蛇《ちょうだ》・偃月《えんげつ》・鋒矢《ほうし》・方円《ほうえん》・衡軛《こうやく》・雁《がん》行《こう》。その他、天・地・風・雲・竜・虎・鳥・蛇をかたどったものなど。

(注)武内大臣。竹内宿禰。たけうちのすくね。大和朝廷《やまとちょうてい》の初期に活躍したという伝承上の人物。孝元《こうげん》天皇の曽孫(一説に孫)で、景行《けいこう》・成務《しょうむ》・仲哀《ちゅうあい》・応神《おうじん》・仁徳《にんとく》の五朝に仕え、成務天皇のとき大臣。仲哀天皇に従って熊襲《くまそ》を征し、天皇の崩後、神功皇后《じんぐうこうごう》を助けて新羅《しらぎ》に遠征、また、幼帝応神天皇を助け偉功があったという。その子孫と称するものに葛城《かつらぎ》・巨《こ》勢《せ》・平群《へぐり》・紀・蘇我《そが》の諸氏がある。

(注)『葛飾記』より関連個所を記す。

八幡宮 附八幡、社領、不知《しらず》ノ森、寺領

(前略)又、八幡宮鳥居《はちまんぐうとりい》まへより南方《みなみのかた》八《や》わた町入口に、八幡《やわた》知らずの森と云《いう》古き森有《あり》、森余《あま》り大《おおき》からず、高《たか》からず、然《しかれ》ども、鬱々《うつうつ》として其中《そのなか》見《み》へ透《すけ》ず、古木朽木《こぼくくちき》の類《たぐい》、幾年《いくとし》か人の手に触《ふ》れざる有《あり》、此《この》森の内に入《い》るもの無ければ也《なり》、若《もし》入《い》れば、竪《タチドコロ》に駐《スク》み死して、出る者なしと云《いえ》り、是《これ》は、平親王将門《たいらのしんのうまさかど》、平《たいら》の貞盛《さだもり》の矢にあたり、秀郷《ひでさと》の為に討《うた》れ給《たま》ひ、猶生《なおいく》る如《ごと》くにして通り給《たま》ふ時、六人の近習此所迄《きんじゅうこのところまで》慕《した》ひ来《きた》り、土の人形《ひとかた》と顕《あらわ》れ、終《つい》に此《この》森の中に入《い》り不レ働《はたらかず》、後《の》ち雨雪に解《とけ》て、終《つい》に土地と成《な》れりと云《いえ》り、依《よっ》て、此中《このなか》の土を踏む者は、その祟《たた》りにて死して出《いで》ざると也《なり》、其所《そのところ》、昔より里諺《りげん》に云伝《いいつた》へたり、然《しかれ》ども、此所《このところ》相馬《そうま》郡《ごおり》よりの順路に非《あらざ》るゆへいかゞ、松戸通りたるべきか、愚按《ぐあん》ずるに、是《これ》は、将門《まさかど》は葛原《くずはら》の親王《しんのう》の後胤《こういん》たる故《ゆえ》、葛飾《かつしか》の葛の字の縁を以《もっ》て、近習の人の内にて、此所に其由緒《ゆいしょ》を残されたるなるべし、

(注)『葛飾誌略』より関連個所を記す。

一、八幡不《やわたしら》レ知《ずの》森　諸国に聞えて名高き杜《もり》也。魔所《ましょ》也といふ。又、平将門《たいらまさかど》の影人形、此《この》所《ところ》へ埋めてありともいふ。又、日本武尊《やまとたけるのみこと》東征の時、八陣を鋪《し》き給ふ跡とも云《い》ふ。其《その》外《ほか》説々多し。予《よ》、古老に委《くわ》しく尋ね聞きけるに、此所昔仮遷宮《かりせんぐう》の神也。故《ゆえ》に敬して注《ちゅう》連《れん》(しめ縄のこと)を引き、猥《みだり》に入る事を禁ず。不浄を忌《い》む心也。昔は今の街道にあらず。古八幡《こやわた》に中山道《なかやまみち》といふ字《あざ》有り。其所街道にて、宮居《みやい》(葛飾八幡宮のこと)も其所に北向《きたむき》にてあり。国初様《くにはじめさま》(徳川家康)御《ご》通行の砌《みぎり》、此街道を開く。并《ならび》に宮居も今の所に遷《うつ》し、大杜に造営有り。云々《うんぬん》。此杜《このもり》の地所、今は本行徳村《ほんぎょうとくむら》の同地内に成《な》りたり。八幡《やわた》三不思議、杜、一夜銀杏《いちょう》、馬蹄石《ばていいし》、是を云ふ。

(注)『遊歴雑記初編一』より関連個所を記す。

三十弐

一　同所(下総葛飾郡《しもうさかつしかごおり》やわたの駅のこと)やはたしらずの藪《やぶ》は、八幡宮《はちまんぐう》の門前、南側の路傍《ろぼう》にあり、藪の間口漸《ようや》く拾間《けん》ばかり、奥行《おくゆき》も又拾間には過まじと思はる、中凹《なかくぼ》の竹

藪にして、細竹・漆の樹《き》・松・杉・梅・栢《かや》・栗の樹など、さまざまの雑樹《ぞふき》生じ、南の方日《かたひ》表《おもて》なれば、路傍より能《よく》見えすくなり、

元来、此藪四方は垣根等の構えなければ、麦・米・粟《あわ》・稗《ひえ》などのよろづの搗屑《つきくず》或は塵芥《じんかい》の捨処《すてどころ》とし、藪際《やぶぎわ》より中の様子を見るに、甚《はなはだ》汚穢《ムサク》して怪異《かいい》あるべき凄涼《ものすご(ママ)》き、更に藪には見えねど、古来より種々の奇怪《きかい》の巷談《こうだん》区《まちまち》ありて、水戸光圀卿《みとみつくにきょう》は試し見んと、推《おし》て此叢《そう》林《りん》に入《いる》、顔色《がんしょく》土の如くにして出給ひ、いか様《さま》排《ヲシ》事はせまじきものよと宣《のたま》ひしのみにて、子細をば更に仰《おほせ》なかりし、などゝ巷談し、或は強気の者世上の風聞をなじりて、此藪に入、久しくして立出《たちいで》、ふるへふるへ藪中の怪異を語り終《おえ》て、即時に血を吐《はき》死せしといひ、又は、誤りて此藪林に入し者は、更に出口を失ひ、路を迷ふて酔たるが如く、漸《ようや》く人に引出されて後、煩《わずら》ひて死せしといひ、又は、里見安房守《さとみあわのかみ》は六具に身を堅《かた》め、馬にまたがりたるを見たるなど、むかしより伝ふる処《ところ》、説々同じからず、されば、此藪四角にして、凡百坪余には過まじ、殊《こと》に雑樹扶疎《マバラ》に生じて繁茂せざれば、藪中暗からずして、外より一々能《よく》見ゆ、

土人に尋るに、怪異の説大同小異也、是信じがたし、爰《ここ》に小岩田御番所附《こいわだごばんしょつき》名主忠右衛門申《もうし》けるは、

此やわた宿の南半みち余に、行徳領に兵庫新田《ひょうごしんでん》といふ村あり、彼《かの》藪その新田一村の持にして、誰人の所持の藪と限るにあらず、故に、やはた宿内の藪ながら他村持の地面

なれば、宿内《しゅくうち》の者は一切構はず、依《よっ》て此藪通り掃除等も、撿見《けみ》、又は佐倉の城主通行の節は、兵庫新田の百性（姓）来りて取片付侍《とりかたづけはべ》れば、坪数もしらず、藪の中には何のあるやら元より用なき他村の藪なれば、宿内の者這入《はひる》べき様はなし、故にやはたのやはたしらずの藪と申《もうし》ならはし侍《はべ》る、
と物語《ものがた》りき、此説こそ実事と思はる、

予（十方庵敬順《じっぽうあんけいじゅん》）五七年以前、里夕・巴水の両人を同道し、本処《ほんじょ》さかさい川より両国まで同船せし砌《みぎり》、忠右衛門をも便船さしめ、彼《かれ》より直咄《ちかばな》しに聞て、日頃の疑念はれたり、総《すべ》て物事は念入《いれ》て能聞糺《よくききただ》すべき事にこそ、聖人《せいじん》の下聞《かぶん》に恥ずと宣《のたま》ひしは宜《むべ》也、

実《げ》にも、彼竹藪《かのたけやぶ》の中《なか》弐三間をへだて丶、小さき石の小祠《ホコラ》あり、鳥居に注連《シメ》を引はえたり、若《もし》怪異ありて、壱寸も踏込がたくは、何ぞかくの如きのかざりあらんや、又里見房《さとみぼう》州等《しゅうなど》が戦死の凝念、此藪林にとゞまらば、一切の搗屑《つきくず》・塵芥《じんかい》の類《たぐい》を捨る者に、咎《とが》めもなく祟《たた》らざるは、浮説虚談《ふせつきょだん》をいひ伝えたる事と覚ゆ、能《よく》その本源をわきまへずして、万事《ばんじ》人には伝えがたし、君子の博《ヒロ》く学んで内におしゆるとは金言なるべし、

件《くだん》の忠右衛門は素丸《そまる》の門人にして誹諧《はいかい》をたしなみ、名を巴川といひける、

後人遊歴し、彼《かの》藪林を見てしるべし、

（注）『江戸名所図会』より関連個所を記す。
八幡不知森《やはたしらずのもり》　同所街道の右に傍《そ》ひて一つの深林《しんりん》あり。方《ほう》二十歩に過ぎず。往古八幡宮鎮座《そのかみはちまんぐうちんざ》

の地なりと云《い》ひ伝ふ。即《すなわち》森の中に石の小祠《こほこら》あり。里老《りろう》云ふ、人謬《あやま》ちて此中《このうち》に入《い》る時は、必ず神の祟《たたり》ありとて、是を禁《いまし》む。故に垣《かき》を繞《めぐら》してあり。或は云ふ、むかし平親王将門《へいしんのうまさかど》、平貞盛《たいらのさだもり》が矢にあたり、秀郷《ひでさと》が為に討たれ、後《のち》六人の近臣《きんしん》と称する輩《ともがら》、其首級を慕ひ此地に至りし頃、此森の中《うち》に入りて働《はたら》かず。終《つい》に土偶人《どぐうじん》と顕《あらわ》れたりしが、其後《そののち》雷雨に破壊《はゑ》せしより、此地を踏む者あれば必《かならず》たゝりありとて、大いに驚怖するといへり。又或人いふ、此森の回帯《めぐり》はことごとく八幡《やわた》の地にして、森の地ばかりは行徳の持分なりと。此故に八幡村《やわたむら》の中《うち》に入り會《あ》ふといへども、他の村の地なる故に、八幡《やわた》の八幡《やわた》しらずとは字《あざな》せしと。さもあらん歟《か》。（後略）

（注）『現代語訳成田参詣記』より関連個所を記す。

八幡不知森《はちまんしらずのもり》〈八幡《やわた》の藪知《やぶし》らず〉

同所の南の方〈国道十四号に面する〉に存する。二十歩四方許《ばか》りである〈現存は約三〇〇坪〉。往古の八幡宮《はちまんぐう》鎮座の地であったと言い伝えられている〈今も法漸寺《ほうぜんじ》の所有である〈現在葛飾八幡宮所有〉）。森の中に小石の祠《ほこら》があって稲荷を祭っている。里人の言うことに「若《も》し、人がこの森の中に入る時は必ず神の祟《たたり》がある」とのことで、垣を繞《めぐ》らして入ることを禁じている（一説に、この森の辺は八幡《やわた》の地で、森だけが行徳《ぎょうとく》の地である、だから「八幡《やわた》知らず」というのだと。しかし、それだけならば垣を繞《めぐ》らして人を入れないということがあろうか。必ずや官社の址《あと》か、または国司などの墓地だったのであろう。里の言い伝えに、昔平将門《たいらのまさかど》の残党の霊が土偶《どぐう》として出現したことがあるということを思うと、ここは墳墓の地で、土偶は殉葬のものであったのだろう）。八幡駅《やわたえき》は房総への道筋で、千住《せんじゅ》〈現足立区千住〉・新井宿《にいじゅく》〈現葛飾区新宿町《にいじゅくまち》〉・八幡《やわた》の三宿は道中奉行の支配下にあるところから、昔も駅場《えきば》であったのだろう。今の古八幡《こやわた》を昔の駅と見れば、『延喜式』の井上《いのうえ》もこの地であろう。それは船橋を大日《おおい》と称し（大井《い》とも大堰《い》とも同じ音で通用する筈である）、大日《おおい》は大堰《おおい》で、昔真間《まま》の浦を堰《せ》いて用水としたのであろう。だから井上《いのうえ》とも呼んだのであろう（按ずるに、中古以来は日《ひ》と井《ゐ》との発音が混同するようになった。大日河を大井河と言うの類は枚挙に遑がない）。

▲曽谷村烏石《そやむらからすいし》

烏石とは石炭の異称

曽谷村は千葉介《ちばのすけ》の一族曽谷殿の館跡也りとぞ。館跡に曽谷殿の愛石なりとて、青き石の、紋に黒く烏《からす》の形《かた》ち、あざやかにあらはれて烏石《からすいし》と云伝へしを烏石《うせき》是を乞《こい》もとめ、ひたすら愛し、後に東海道鈴の森の鎮守の社地に安じたるよし。又同村の菅神《かんじん》の社《やしろ》に烏石《うせき》、晋《しん》の王羲之の神像（漢土より伝来）を安置し碑を建る。鳥居の額も晋右軍王公廟と烏石《うせき》の書也。かくありしを寛政辛亥《かんせいかのとい》の秋、暴風にて菅神の社・碑《いしぶみ》・鳥居も悉《ことごと》く破壊して今は王公の神像・石額一面、別当寺にのこりて旧事をしたふのみ。

友人松月軒葛陵、書を好《この》て烏石《うせき》の志を継（ぎ）ふたたび菅神の社を造栄して王公の神像も昔にかへし碑銘《ひめい》の闕字《けつじ》をも補はん事をしばしば愚老に語れば年あらずして事なるべし。碑文は葛陵が再建を待（つ）。

（注）千葉県市川市曽谷一丁目三五番一号　日蓮宗長谷山安国寺。

（注）烏石《からすいし》。色黒く光沢のある石。漆石《うるしいし》。石炭の異称。なお本文中の烏石《うせき》とは人名。松下烏石。江戸時代の書家。雨石《うせき》を烏石《うせき》と改める。

（注）友人とは行徳金堤の友人の意。愚老とは金堤。

（注）後記の『江戸名所図会』に「烏石葛辰《うせきかつしん》の筆《ふで》にして、傍《かたわら》に石碑《せきひ》を建つ」とあるので金堤の友人松月軒葛陵の願いは成就したとわかる。

（注）『葛飾誌略』より関連個所を記す。

一、烏石（烏石《からすいし》のこと）。城主曽谷殿の愛石也といふ。此石いま江戸品川鈴ヶ森八幡《はちまん》にあり（現大田区大森北の磐井《いわい》神社社務所に保管）。是は烏石先生乞ひ受けて八幡へ納めしといふ。其石を拝見せしに、大《おおき》さ三尺ばかり、石面五寸ばかりにして鳥の形容あり。石色青く、烏形は真黒也。石の左の肩に篆書《てんしょ》にて銘有る也。文、南郭。書、烏石。

一、王義之祠《おうぎしのほこら》　菅神祠の隣。延享元子《えんきょうがんね》（一七四四）四月、出家《しゅっけ》烏石（烏石）先生勧請也。神像は唐土より伝へ来るといふ。書家の祭る所、尤もなるべし。

（注）『江戸名所図会』より関連個所を記す。
曽谷妙見尊《そたにみょうけんそん》　曽谷村長谷山安國寺《そたにむらちょうこくざんあんこくじ》に安置せり。当国千葉寺《ちばでら》妙見尊と同木にして、其末木《まつぼく》を以《もっ》て彫刻《ちょうこく》すといふ。当寺《とうじ》境内に王義之宮《おうぎしのみや》あり。華表《とりゐ》の額に『晋王公廟《しんのおうこうのびょう》』とあり。烏石葛辰《うせきかつしん》の筆《ふで》にして、傍《かたわら》に石碑《せきひ》を建つ。何《なん》の謂《いわれ》なる事を知らず。

▲国分五郎城跡

在国分村《こくぶんむら》　真間《まま》より五六丁《ちょう》上の方

源頼朝に従い義経と共に一之谷の決戦に参加

国分五郎胤道《こくぶごろうたねみち》は千葉介常胤《ちばのすけつねたね》五男也。『東鑑《あずまかがみ》』に国分五郎胤道兄弟三人父常胤ト共ニ三河守《みかわのかみ》ニ属シテ摂津国《せっつのくに》一ノ谷ニ至ルト云云《うんぬん》。

（注）東鑑。あずまかがみ。吾妻鏡。鎌倉後期成立の史書。五二巻。鎌倉幕府の公的な編纂《へんさん》といわれる。幕府の事跡を変体漢文で日記体に編述。源頼政《みなもとよりまさ》の挙兵（一一八〇年）から前将軍宗尊親王の帰京に至る八七年間のわが国最初の武家記録。

（注）摂津国。せっつのくに。旧国名。五畿の一。一部は今の大阪府、一部は兵庫県に属する。

（注）『葛飾記』より関連個所を記す。

国分寺《こくぶんじ》 附たり元陣屋《じんや》跡、并《ならびに》国分《こくぶん》の城跡、寺領

（前略）

又、別に国分《こくぶん》の城跡と云有《いうあり》、国分寺《こくぶんじ》より西に当る、国分五郎《こくぶごろう》といふは此《この》城主なり、尤、掻《か》き揚《あ》げ城にて、是も慶長《けいちょう》年中（一五九六～一六一四）、東照宮《とうしょうぐう》より城没却せられしと也、尤、此所の沼池より、近年蓴菜《ジュンサイ》［左注］《ぬめりな》は出る也、

（後略）

（注）『葛飾誌略』より関連個所を記す。

一、国分五郎胤道城址《こくぶごろうたねみちじょうし》　千葉氏也。東鑑《あずまかがみ》ニ曰《いわ》ク、国分五郎胤道、兄弟三人、父常胤ト共ニ三河守ニ属シ、摂津国一谷ニ至ル。云々《うんぬん》。古池あり、曽谷の池と云ふ。（中略）当村（須和田村）の長左衛門といふ者の家は古き家也と。日道遷化《せんげ》の時、日頂此家にて碁を打ちて居られ、遷化に逢《あ》はずといふ。故に勘気《かんき》ありしと也。又、国分寺とて外に小庵あり。昔は大寺なれども、兵乱度々にて寺領も掠《かす》められ、今に及ぶと。元禄《げんろく》年中（一六八八～一七〇三）御縄入《おなわい》りの時、除地五畝歩（約百五十坪）下されしと也。開基行基《ぎょうき》也。

（注）『江戸名所図会』より関連個所を記す。

国府城址《こふのしろあと》　同所（国府台《こうのだい》のこと）總寧寺《そうねいじ》より東の方《かた》をいふ。往古《むかし》国府五郎《こふのごろう》某《それがし》なる人の居《きょ》城《じょう》なりしが、慶長《けいちょう》に至り没収《もっしゅ》せらる、となり。
按《あん》ずるに、国府五郎《こふのごろう》は千葉介常胤《ちばのすけつねたね》の弟、国府五郎胤道《こふのごろうたねみち》が事を云《い》ふなるべし。其後裔《こうえい》の人、此地に住し、慶長の頃迄居《お》られたりしならん。同巻牛御前宮《うしのごぜんのみや》の條下《じょうか》にも、国府五郎の事を挙《あ》げ置きたり。てらしあはせてみるべし。

▲下総国府《しもうさこくふ》

国府台付近を下総国府という

国府村国府台《こふむらこうのだい》のあたりを云《いう》。又葛西《かさい》を下総の国府《こくふ》と云《いい》たるよし。『東鑑《あずまかがみ》』等を考えればさにはあるまじ。頼朝卿《よりともきょう》下総の国府《こくふ》に九月十九日より十月二日まで御陣《ごじん》を居《（すえ）》られ、それより太井《ふとい》利根川隅田の両河をわたるとあれば、国府は利根川より東なるべし。

『東鑑』曰《いわく》、治承《じしょう》四年（一一八〇）九月十七日武衛《ぶえい》不レ待二広常《ひろつね》カ参入一ヲ、令レ向二下総国一給。千葉介常胤相二具シテ子息六人一参二会ス于下総国府一ニ云云《うんぬん》。廿八日遣《つかわ》二サル御使一ヲ。被レ召二江戸太郎重長一ヲ、廿九日昨日雖レ被レ遣《いえどもつかわさると》二御書一ヲ、不参スルノ間被レ遣二中四郎惟重於葛西三郎清重之許《もと》一、十月二日済《わた》ル二太井利根川隅田ノ両河一ヲ。精兵及二三萬余騎騎一　下略

（注）葛西。かさい。『葛飾誌略』より関連個所を記す。

下總国中城地

（前略）

或老人云ふ、小田原北条の頃迄は、川（江戸川のこと）の東を葛東《かつとう》といひ、川の西を葛西《かさい》と呼びしと也。

（後略）

（注）太井利根川。現在の江戸川のこと。太日川。ふとゐがわ。承和《じょうわ》二年（八三五）江戸川の渡し舟を二艘から四艘に増やした時の太政官符《だじょうかんふ》に「下総国太日河《しもうさのくにふとゐがわ》四艘」とあり、康平《こうへい》元年（一〇五八）に著された『更級《さらしな》日記』には「そのつとめて（翌朝の意）、そこを立ちて、下総の国と武蔵との境にてある太井川《ふとゐがわ》といふが上《かみ》の瀬、まつさとの渡りの津《わたり》にとまりて、夜ひとよ、舟にてかつがつ（少しずつの意）物など渡す」とある。

（注）国府は利根川より東なるべし。利根川とは今の江戸川の事、東とは（今の千葉県）東葛飾郡の事。

（注）『東鑑《あずまかがみ》』（巻一、治承《じしょう》四年（一一八〇）九月一七日丙寅条《ひのえとらのじょう》）にいう、武衛《ぶえい》（源頼朝）は（平《たいらの》）広常《ひろつね》の参入を待たず、下総国に向い給う。千葉介常胤は子息六人（太郎胤正・次郎師常〈相馬〉・三郎胤成〈武石〉・四郎胤信〈大須賀〉・五郎胤道〈国分〉・六郎大夫

胤頼〈東〉を伴って下総国府に参会した。二八日、御使いを遣わされ、江戸太郎重長を召された。二九日、昨日御書を遣わされるといえども、不参している間、中四郎惟重を葛西三郎清重のもとへ遣わされる。一〇月二日、太井、隅田の両河を渡る。精兵三万余騎に及ぶ。
（注）下総国。しもうさのくに。古くはしもつふさ、しもふさ。旧国名。千葉県北部、茨城県の一部。北総《ほくそう》。古代、総《ふさ》と呼ばれ大化の改新後に上下《かみしも》に分かれる。都からの行旅三十日。平安時代は平氏、中世は千葉氏が勢力を持ったが徳川氏により滅亡。康保《こうほう》四年（九六七）施行された延喜式《えんぎしき》により下総国は十一郡《ぐん》に分かれ、葛飾《かつしか》・千葉《ちば》・印旛《いんば》・匝瑳《そうさ》・海上《うなかみ》・香取《かとり》・埴生《はにう》・相馬《そうま》・猿島《さしま》・結城《ゆうき》・豊田《とよだ》があった。国府台《こうのだい》に国府《こくふ》がおかれ、九～十世紀段階で十八郡《ぐん》、九十一郷《ごう》、十二万六百人、田数《でんすう》二万六千四百三十二町歩《ちょうぶ》とされ、大・上・中・下国の大国だった。下総国における十二世紀前半の荘園《しょうえん》はおよそ四十、現在の市川市域では八幡《やわたの》庄《しょう》があり市域の大部分を占めた。ただし、国府台《こうのだい》は国府《こくふ》であり、行徳には香取《かとり》神宮の関があり私領である八幡庄には含まれなかった。下総国は、西の武蔵国《むさしのこく》とは住田川《すみだがわ》（現、隅田《すみだ》川《がわ》）を国境《くにざかい》とし、南の上総国《かずさのくに》とは東京湾側から村田川、栗山川《くりやまがわ》を連ねた線がそれで、北方《ほっぽう》は安是湖《あぜのうみ》といわれた旧時の広大な湖沼一帯の地（現、霞ヶ浦《かすみがうら》、北浦の数倍の広さ）と現在の鬼怒川《きぬがわ》、小貝川《こかいがわ》になっている旧毛野川で常陸国《ひたちのくに》に接していた。下総国と武蔵国の国境は正徳《しょうとく》三年（一七一三）江戸川を境とすることにされた（『明解　行徳の歴史大事典』）。
（注）『江戸名所図会』より関連個所を記す。

国府臺《こふのだい》　總寧寺《そうねいじ》の辺《へん》より真間《まま》の辺迄《へんまで》の岡を、すべてかく称するなるべし。［北条《ほうじょう》五代記］に云《いわ》く、古き文《ふみ》には国府臺《こくふのだい》・小符代《こふのだい》・鴻岱《こうのだい》とも書きたり。今所《ところ》の者にとへば、高野臺《こうのだい》と書くといふと見えたり。按《あん》ずるに、鴻臺《こうのだい》は武州栗橋《ぶしゅうくりはし》の西にありて、此地《このところ》を云ふにあらず。［和名類聚抄《わみょうるいじゅしょう》］に、下総の国府《こふ》は、葛飾郡《かつしかごおり》にありと記せり。依《よっ》て考ふるに、国府《こふ》の近き辺にある所の丘山《おかやま》なれば、国府臺《こふのだい》とは号したりしなるべし。或人云《いわ》く、下総国《しもうさのくに》葛飾《かつしか》の府は、往古《むかし》専《もっぱら》葛西《かさい》の地を本府《ほんぷ》とせし事にて、葛西《かさい》昔は下総に属せり。永正《えいしょう》六年（一五〇九）の宗長《そうちょう》が紀行［東土産《あずまのつと》］にも、下総国葛西の府のうちを、半日ばかり葭《よし》あしをしのぎ、今井の津《つ》浄土門なりける浄興寺《じょうこうじ》に立寄りてとあり。證《しょう》とすべし。按《あん》ずるに、前の新利根川の条下に挙げたる清輔《きよすけ》［奥義抄《おうぎしょう》］の文《ぶん》によるに、葛飾郡《かつしかごおり》は大《だい》郡《ぐん》なれば、利根川（江戸川のこと）と国府《こふ》を中央に定めて以東《いとう》を葛東《かとう》と呼び、以西《いせい》を葛西《かさい》とは唱《とな》へしなるべし。されど今は利根川を際《かぎり》とし、葛西の辺《へん》ことごとく武蔵国《むさしのくに》へ加へたまふ事とはなりしなり。

(注)『現代語訳成田参詣記』より関連個所を記す。

国府址《こくふあと》

国府台村《こうのだいむら》〈現市川市国府台〉にある〈今は總寧寺領《そうねいじりょう》百石《こく》の地を国府台村というが、元は市川村の一部であった。古書に小符代《こふだい》・鴻岱《こうだい》・高野台《こうのだい》等に書くのもあるが、共に正しくない）。現在国府台と称している地が国府址である〈豆相記《ずそうき》〈一冊、著者不明、戦記〉に

「険しい岸が高く聳え、下に大きな河を廻《めぐ》らしている」とあるのは、まさにこの地の形勢を言い尽している)。

▲真間山弘法寺《ままさんぐほうじ》

六老僧とは日昭・日朗・日興・日向・日頂・日持

開基六老僧日頂上人《にっちょうしょうにん》。什宝等寺記《じゅうほうなどじき》に委《ゆだね》し。在市川村

(注)弘法寺。ぐほうじ。千葉県市川市真間《まま》四丁目九番一号。行徳金堤はあまりにも有名な寺社についての筆を進めていない。わかりきったことと承知していたのである。他の文献との重複を避けたとも考えられる。次に各地誌の記述の紹介をする。

(注)『葛飾記の世界』所収『葛飾記』より関連個所を記す。

弘法寺《ぐほうじ》 真間《まま》と云《いう》は、当寺の境内山林、惣《そう》じて麓《ふもと》辺《あた》り迄なり、寺領五十石

海道《かいどう》(佐倉道、千葉街道、現国道14号線)より大松の並木有《あり》て、継橋門前下迄遙《つぎはしもんぜんしたまではる》か行事《いくこと》也《なり》、継橋は小橋《こばし》、是《これ》より、前、中の橋有《あ》り、山下より登り、石雁基六十階《きざはし》有《あり》、仁王門あり、坂の左《ひだ》り三十番神《さんじゅうばんじん》の社《やしろ》有、此《この》寺の仁王《におう》は他に変り、黒き仁王也《なり》、毎年七月十六日、

両葛飾（葛東《かつとう》・葛西《かさい》）近在より寄合《よりあい》て相撲有《あり》、庭に大木の楓樹《ふうじゅ》何十間《けん》といふ瀰《ハビコ》り有、本堂は厚萱葺《あつかやぶき》也、若葉又紅葉の時分、夥《おびただ》しき見物都鄙《とひ》（著者注：みやこといなか）より群集する也、真間山弘法寺《ままさんぐほうじ》と号す、此寺元《も》トは真言宗修験役《しゅげんやく》の優婆塞《うばそく》（著者注：在俗の男子の仏教信者）の派なるよし、去《さんぬる》に依《よっ》て、弘法寺を、同字、呉音漢音の分ちにて唱ふる由《よし》也、開山は日頂聖人《にっちょうしょうにん》、土岐氏入道日常《ときしにゅうどうにちじょう》第四ノ子、祖師聖人の弟子六老僧（著者注：日昭・日朗・日興・日向・日頂・日持）の内其一人也、此聖人、宗論《しゅうろん》に勝ち、此寺を日蓮宗へ取ると云々《うんぬん》、摂待場《せったいば》有、此前より、客殿、庫裏《くり》へ遙か行くなり、本堂より乾《いぬい》（北西）の方《かた》也、左の南面に風流の亭《てい》有、是又《これまた》、夏暑の時分、其外《そのほか》月見等《など》に貸《かす》る座舗《ざしき》也、額は偏覧《へんらん》亭《てい》、此所《このところ》よりも江府《こうふ》の東叡山《とうえいざん》近く見ゆる、河海入レ江、万像一目《ばんしょういちもく》にあり、前には長流《ちょうりゅう》洋々漾々《ようようようよう》として白布《はくふ》を曳《ひく》、数百の高瀬舟、風帆黄白《ふうはんおうはく》、大となく小となく尽す、寸隙《すんげき》もあらず、断岸《だんがん》の下を登る、佳絶の風景、相州鎌倉県の編界一覧亭夢想国師の庵室也同金沢能見堂といふとも、いづれおとらざる景地、渾《すべ》て、此地古跡物語り、堆丘高墟巍々《たかだか》として、更に風光を含《ふくめ》り、鬱々《うつうつ》たる喬木《きょうぼく》霊巨楓、嵐梢《あらしこずえ》を亙《わたり》ては、頻《しき》りに煩悩《ぼんのう》の夢をやぶる、詩人、文人の一助、風雅の良料也、

（後略）

（注）『葛飾誌略の世界』所収『葛飾誌略』より関連個所を記す。

一、弘法寺。真間山といふ。日蓮宗中興開山日頂上人。是も中山開基日常上人の男《なん》にて、

則ち六老僧の其一人也。元開山と申すは弘法大師《こうぼうだいし》此地に錫《しゃく》を留め開基あり。嗣法《しほう》して古《こ》義山伏派《ぎやまぶしは》にて星霜を経たり。中山草創の砌《みぎり》、日蓮聖人に帰依《きえ》し、宗を改めて法華と成る。又、真言の密法を日蓮に伝へし故に、当山と中山は法華の祈禱を専《もっぱ》らとする事也。

下馬大門の松並木凡《およそ》七八丁《ちょう》（約七六〇～八七〇メートル）有り。

（注）『江戸名所図会』より関連個所を記す。

真間山弘法寺《ままさんくぼうじ》　国分寺《こくぶんじ》の南にあり。市河村《いちかわむら》に属す。日蓮大士《だいし》弘法《くぼう》の地にして、六門家《ろくもんけ》と称する所の其《その》一員たり。日頂上人《にっちょうしょうにん》を以《もっ》て開祖とす。本国院《ほんごくいん》日頂尊師は、六老僧の中《うち》にして、伊予阿闍梨《いよあじゃり》と称す。富木常忍《ときじょうにん》の子なり。文永《ぶんえい》四年（一二六七）丁卯《ひのとう》、日蓮上人に就《つ》いて得度《とくど》す。弘安《こうあん》五年（一二八二）壬午上足《みずのえうまじょうそく》の第五となる。日蓮上人の滅後、守《しゅ》塔居《とうきょ》を営扁《えいへん》して本国院と号す。土人《どじん》は山本坊《やまもとぼう》と称す。正安《しょうあん》元年（一二九九）己亥《つちのとい》、父常忍寂《じょうにんじゃく》するの後《のち》、哀《かなしみ》をつくして、八月十二日こゝを出去《いでさ》り、終《つい》にかへらずとなり。依《よっ》て示寂《しじゃく》の年月《としつき》、其終焉《しゅうえん》の地をしらず。はじめ寺院をいづる日をもて忌日《きにち》とすといへり。本堂には釈尊《しゃくそん》の像を安《やす》ず。富木常忍嘗《かつ》て釈尊の木像を造り、当寺《とうじ》に奉安《ほうあん》す。日蓮上人日頂師をして点眼《てんがん》せしめ、賀の書を賜《たま》ふ。祖師堂は其右に並ぶ。内《うち》に宗祖上人の像を置く。此像は日法上人の作なり。支院十余宇《う》、各々磴道《とうどう》の下《もと》に列《れつ》す。大門《だいもん》は松の列樹《なみき》にして六町程あり。

（注）『現代語訳成田参詣記』より関連個所を記す。

真間山弘法寺《ままさんぐほうじ》

真間〈現市川市真間四丁目〉にある。寺領は三十石（天正《てんしょう》十九年〈一五九一〉辛卯《かのとう》十一月）で、日蓮宗池上本門寺《いけがみほんもんじ》に属する。六門家《ろくもんか》の一つである。本尊は釈迦如来（富城常忍の作である。楼門《ろうもん》の金剛力士《こんごうりきし》は運慶《うんけい》の作で、全体が黒色で他と異なっている）、開基は富城常忍、開山は日頂上人《にっちょうしょうにん》（伊予阿闍梨山本坊《いよのあじゃりやまもとぼう》と号した。父は橘伊予守定時《たちばないよのかみさだとき》、母は駿州の勢原弥四郎国重《せはらやしろうくにしげ》の娘で、日頂を懐胎中に定時が死去し、後に富城五郎胤継《ときごろうたねつぐ》に嫁した。正安《しょうあん》元年《一二九九》に養父常忍（胤継）逝去《せいきょ》。日頂は哀《かな》しみに堪えずして、八月十二日にこの寺を出、終《つい》に帰ることが無かった。その終焉《しゅうえん》の地も不明である。一説に、三月八日、教法を世間にひろめるために寺を出て、そのまま帰らなかったという。どちらが正しいのであろうか。墓は富士北山《ふじきたやま》〈現静岡県富士宮市北山〉の本門寺《ほんもんじ》より西北二三丁ばかりの正林寺《しょうりんじ》にある）。○（弘法寺過去帳に、日頂上人《しょうにん》嘉暦《かれき》三《一三二八》戊辰《つちのえたつ》八月十二日寂《じゃく》、年八十六と見える）この寺は元は真言宗で、空海《くうかい》の旧跡である。その故に弘法寺と称する（弘法大師《こうぼうだいし》の像は西新井惣持寺《そうじじ》〈現東京都足立区西新井町の遍照院、いわゆる西新井大師〉にある。改宗の頃移したものであろう）。（後略）

▲真間《まま》の入江《いりえ》

真間の入江はかつて真間の浦に連なっていた

真間の井　手児女明神《てこめみょうじん》　継橋《つぎはし》

古人鈴木長頼継橋銘曰《いわく》

継橋興廃　維文維橋　詞林千歳　萬葉不凋

真間井銘曰

瓶甕可汲　固志何傾　嗚呼節婦　與水洌清

夫木《ふぼく》　俊頼

勝鹿《かつしか》のまゝの入江（ママ）の沖つすにあけのそほ舟からろおす也

新勅撰《しんちょくせん》　慈鎮（ママ）

かつしか（ママ）の昔のまゝの継橋をわすれずわたる春がすみかな

続後撰《しょくごせん》　土御門院《つちみかどいん》

夢ならでまたやかよはんしら露のおきわかれにしまゝの継橋

同　定家《ていか》

わすられぬまゝのつぎ橋思ひねにかよひし方は夢にみへつつ

玉葉《ぎょくよう》　光明峯寺入道摂政《こうみょう(ママ)ほうじにゅうどうせっしょう》
かつしかのまゝ《(ママ)》の井筒《いづつ》の影ばかりさらぬ思ひのあとを恋つゝ
萬葉《まんよう》　赤人《あかひと》
勝鹿のままの入江に打なびく玉もかりけむ手児奈《てこな》しぞ《(ママ)》おもふ

(注)千葉県市川市真間四丁目四番九号。
(注)真間の入江としたところに金堤の認識の深さが出ている。歌の配置もそのように並んでいる。
(注)『葛飾記』より関連個所を記す。

　真間の井　俗に亀井《かめい》と云、附たり和歌、并《ならびに》今手児奈《てこな》の事

手児奈の明神の前より少し行也《いくなり》、沢水にて奇麗成清水《きれいなるしみず》、尤《もっとも》鈴木院《れいぼくいん》の庭上也、昔手児奈の入水《じゅすい》の池水の由《よし》、此所の銘にあり、
(中略)
又、手児奈の入水の池水と云《いう》は、合せて形《かた》チを残せる也、真間の井は、手児奈の水を汲《くみ》し井也、(後略)

　鈴木院《れいぼくいん》　附鈴木近江守《おうみのかみ》石塔

亀井の傍《かたわ》らの小庵を云《いう》、鈴木修理《すずきしゅり》建る故《ゆえ》、号《なづ》くと也、此庵に、右まゝの歌枕収《おさま》り有《あり》、入

江、継橋《つぎはし》、井、手児奈《てこな》、共に歌を集め載す、前《さき》に記すごとく、願へば是を拝覧する也、奥の山に御大工《おんだいく》鈴木近江守《おうみのかみ》の石塔あり、尤、鈴木修理造営す、此修理は北条《ほうじょう》の家臣の由、石塔の傍《かたわら》に記し有レ之《これあり》、尤《もっとも》、北条の古戦場たる故《ゆえ》、印《しる》しに建られたるなるべし、（後略）

（注）『葛飾誌略』より関連個所を記す。

一、真間井《ままのい》。手児名《てこな》祠《し》の奥山陰《おくやまいん》亀井坊《かめいぼう》の側《そば》清水の井也《なり》。清冷にして寒暑無二増減一。銘に曰《いわ》く、瓶甕可レ汲。固志何傾。嗚呼節婦。與レ水冽清。と。人渇を凌《しの》ぐに足れり。浅々たる清泉境に似るといふ、梅聖愈が詩の心に近し。

玉葉集。かつしかのまゝの井筒の影ばかりさらぬ思ひの跡を戀ひつゝ　光明峯寺入道摂政。

（注）『江戸名所図会』より関連個所を記す。

真間浦《ままのうら》　同じく弘法寺《くぼうじ》の前の水田の地をいふ。勝鹿《かつしか》の浦といふも此所《このところ》の事を云《い》ふなるべし。土人《どじん》云ふ、昔は真間の崖下《がいか》まで浪《なみ》打ち寄せたりとなり。故に此辺《このへん》に今も其旧跡とて、字《あざな》に残れるものあり。所謂《いわゆる》大洲《おおす》は初《はじめ》て洲になりし所なり。立野《たちの》といふは、蘆《あし》を刈りて陸地《くがち》となりし所なり。蘆畔《あしくろ》といふは萱野《かやの》にして、水田を開発せし故とぞ。

（後略）

真間浜《ままのはま》　おなじあたりをいふなるべし。

（後略）

真間入江《ままのいりえ》　是も同じ辺《あたり》なるべけれども、今は耕田《こうでん》となり、又は民家林薮《りんそう》に沿革して、古《いにしえ》に違《たが》へり。

（後略）

真間井《ままのい》　同所北の山際《やまぎわ》、鈴木院《れいぼくいん》といふ草庵の傍《かたわら》にあり。手児奈《てこな》が汲みける井なりと云ひ伝ふ。中古《なかむかし》此井より霊亀《れいき》出現せし故に、亀井《かめい》ともいふとなり。此鈴木院と云ふは、北条家の臣にして、俗称を鈴木修理《すずきしゅり》と云ひけるよし。此人の造立故《ぞうりゅうゆえ》に鈴木《れいぼく》と号す。又此《この》庵《いおり》の傍《かたわら》に、其祖先鈴木近江守《すずきおうみのかみ》の石塔あり。これも同じく修理《しゅり》と云ふ人造立せしなり。

（後略）

（注）『現代語訳成田参詣記』より関連個所を記す。

真間浦《ままのうら》（浦は、入江《いりえ》・浜《はま》・井《い》・於須比《おすひ》〈古代東国方言〉などとも言った）継橋《つぎはし》より上真間《まま》に沿い、須和田《すわだ》〈現市川市須和田〉へ廻っている沼沢が、昔の真間の浦である。この南の方に小川がある。この小川より更に南の方の汚田《うでん》〈低い田〉も昔は真間の浦の内であったろう。（後略）

（注）夫木和歌抄。ふぼくわかしょう。（「夫木」は日本国の意の「扶桑」の偏旁）私撰類題和歌集。三六巻。藤原長清撰《せん》。一三一〇年（延慶《えんぎょう》三）頃成立、後日の補定があるという。万葉集以後の家集・私撰集・歌合・百首などから、従来の撰に漏れた歌一万七三五〇余首を集め、四季・雑に部立し類題に細分したもの。夫木集。

(注)新勅撰和歌集。二十巻。後《ご》堀河天皇の勅命により藤原定家撰進《せんしん》。文暦《ぶんりゃく》二年(一二三五)成る。武家の歌が多く、宇治川集とあだ名された。

(注)慈鎮。じちん。慈円《じえん》の諡号《しごう》。一一五五〜一二二五。平安末期から鎌倉初期の僧。歌人。藤原忠通の子。前後四度、天台座主となる。和歌に優れ家集「拾玉集」、史論「愚管抄」がある。

(注)源俊頼。天喜《てんき》三年(一〇五五)頃〜大治《たいじ》四年(一一二九)頃。平安後期の歌人。革新的な歌人で多様な歌風の歌を残し、後代に大きな影響を与えた。『金葉集』の撰者。歌論書『俊頼髄脳』を著し、家集に『散木奇歌集《さんぼくきかしゅう》』がある(『福武古語辞典』)。

(注)続後撰和歌集。しょくごせんわかしゅう。第十番目の勅撰《ちょくせん》和歌集。二十巻。後嵯峨《ごさが》院《いん》の命を受けた藤原為家《ふじわらのためいえ》が建長《けんちょう》三年(一二五一)に撰進。御子左家《みこひだりけ》の家人《けにん》の独撰なので、中世においては『千載集《せんざいしゅう》』『新勅撰集』とともに規範的な地位を占めた。総歌数千二百八十八首。撰歌範囲は一条朝(九八六〜一〇一一)以降。叙情的で映像性豊かな歌が基調。

(注)土御門天皇。つちみかどてんのう。建久《けんきゅう》六年(一一九五)〜寛喜《かんき》三年(一二三一)。第八十三代の天皇。後鳥羽《ごとば》天皇の第一皇子。建久九年(一一九八)即位。承久《じょうきゅう》の乱後、みずから望んで土佐国《とさのくに》に配流《はいる》となり、のちに阿波国《あわのくに》に移り、同地で崩御《ほうぎょ》した。『続後撰集』以下の勅撰集に一四八首が入集。家集に『土御門院御集』がある。

(注)権中納言定家。ごんちゅうなごんていか。藤原定家《ふじわらのていか》。応保《おうほ》二年(一一六二)〜仁治《にんじ》

二年（一二四一）。平安初期・鎌倉初期の廷臣《ていしん》、歌人、歌学者。後鳥羽院歌壇・順徳院歌壇の中心メンバーで『新古今集《しんこきんしゅう》』の撰者である。

（注）玉葉和歌集。ぎょくようわかしゅう。第十四番目の勅撰和歌集。二十巻。伏見院の命を受けた藤原為兼が正和《しょうわ》元年（一三一二）に奏覧《そうらん》。総歌数二八〇〇首。伏見院・藤原為子《いし》・永福門院・為兼など持明院党や京極派《きょうごくは》歌人の歌が多い。光線や明暗、また風景や感情の時間的な推移を微細な感覚でとらえ、自然観照に徹して詠んだ歌が多く、清新な印象を与える。

（注）万葉集。現存最古の歌集。二十巻。仁徳天皇皇后の歌といわれるものから淳仁天皇時代の歌（七五九年）まで約三五〇年間の長歌・短歌・旋頭歌《せどうか》・仏足石歌体歌連歌合せて約四千五百首、漢文の詩・書翰《しょかん》なども収録。編集は大友家持《おおとものやかもち》の手を経たものと考えられる。東《あずま》歌《うた》・防人歌《さきもりうた》なども含み、豊かな人間性にもとづき現実に即した感動を率直に表し、調子の高い歌が多い。

（注）山部宿禰赤人。やまべのすくねあかひと。生没年未詳。奈良時代の歌人。三十六歌仙《かせん》の一人。聖武朝《しょうむちょう》のころ、各地への僥倖《ぎょうこう》に従い、宮廷歌人として活躍した。透徹した自然描写に特徴がある。『万葉集』に長短五十首を残し、旅の歌が多い。柿本人麻呂《かきのもとひとまろ》とともに歌聖として慕われた。

▲真間の於須比《おすひ》

昔は男をせな、女を手児といった

麓に東より西へ流れ市川へ落入《おちいる》小川也。

同（萬葉のこと）

かつしかのまゝの手児奈《てこな》がありしかばまゝのおすひは（ママ）波もとゞろく（ママ）

おすひとはおそひ也。山の傍《そひ》にと云事《いうこと》也。継はしは両岸より板を投《なげ》わたし中にて合せたるにて何国《いずこのくに》にも有橋《あるはし》也。

古説曰《いわく》、手児女《てこめ》は其かたち心猶《なお》やさしく殊《こと》に継母《けいぼ》に孝有《あり》て、水汲（み）玉藻刈《かり》つゝ世をわたりけるを、見る人夏虫の火に入《いる》ごとく身をこがして云《いい》よるを、あつかひうるさくもおもひけん、其汀《なぎさ》に身を投《なげ》しと云《いう》。真間の井は手児奈の水汲し跡なりとぞ。

昔はたゞ男をせな、女を手児と云《いい》たりしときこゆ。近世は嫡子《ちゃくし》をせな、未女をてこと云《いう》。いせ物語の注に、せなは東国のこと葉としるしたれども、かつしかの詞《ことば》也。かつしかさへ近き頃は此言ばをつかふものもまれ也。愚老（行徳金堤のこと）、真間の近村にて、「せなよ出て見よ」と唄ふ盆踊を見て、

其まゝのむかしをおどれ月もまた

と吟じて一笑したりし。

（注）行徳金堤の博識ぶりが目に浮かぶような文章である。盆踊を見て「其《その》まゝのむかしをおどれ月もまた」の句も一興。

（注）こと葉。言の葉。言葉。詞。

（注）『葛飾記』より関連個所を記す。

手児奈ノ宮　真間《まま》の麓《ふもと》、古松有所《こしょうあるところ》小社也《しょうしゃなり》、附たり和歌

（前略）

仙覚抄、真間のおすひにとは、おそひに也、山のそひにと云《いう》なり。

（後略）

（前略）の部分は後記にあり。

（注）『葛飾誌略』より関連個所を記す。

一、真間《まま》の於須比《おすひ》。麓に有り。東より西へ流る。市川へ落ち入る小川也（この記述からは於須比とは小川つまり現在の真間川と推定できる。又、『葛飾誌略』の欄外注釈に、於須比は磯辺の東語である、とある）。

万葉集。かつしかのまゝの手児名《てこな》がありしかばまゝのおすひに浪《なみ》もとどろに。（この歌は『万葉集』巻十四　三三八五　葛飾の真間の手児奈がいたので真間の海辺に波さ

えもとどろくばかりに押し寄せた）

おすひとはをそひ也。傍《そば》にと云ふことぞ。往古は此山の麓より皆浦也といへり。蒼海変而成二桑田一と、宜《むべ》也。

万葉集。葛飾のまゝの浦まを漕ぐ舟の舟人さわぐ浪たつらしも（この歌は『万葉集』巻十四　三三四九　葛飾の真間の入江の辺りをこぐ船の船人が騒ぐ。波が立つと見える）

（注）『江戸名所図会』より関連個所を記す。

真間於須比《ままのおすひ》　仙覚律師《せんかくりっし》の［万葉集抄］に云《いわ》く、於須比にとはおそひになり。山のそひにといふ義なりと。又契沖阿闍梨《けいちゅうあじゃり》の［万葉代匠記《まんようだいしょうき》］に、まゝおすひは、駿河能宇美於思敝《するがのうみおしへ》爾《に》とあるにおなじく、磯辺なりといふ。本居宣長翁《もとおりのりながおう》の考《かんがえ》にも、手古奈《てこな》が磯辺にありしかば、浪さへめでゝさわぎしといふ意ならんとありて、磯辺といふにしたがはれたり。

万葉集

可豆思賀能麻萬能手古奈家安里之可婆麻末乃於須比爾奈美毛登抒呂爾《カツシカノママノテコナガアリシカバママノオスヒニナミモトヾロニ》

（注）『葛飾記』より関連個所を記す。

手児奈《てこな》ノ宮《みや》　真間《まま》の麓《ふもと》、古松有所《こしょうあるところ》小社也《しょうしゃなり》、附たり和歌

真間の入口、継橋《つぎはし》の傍《かたわ》らより右へ入《い》る、鈴木院《れいぼくいん》の少し前右《みぎ》の方《かた》に有《あ》り、是古《これいにしえ》への手児奈明神の社也、此所石碑に、真間娘子今手児奈《ままじょうしいまてこな》と有《あり》、又、手児奈は、中頃清少納言《せいしょうなごん》が一名

也と云《いえ》り、此時は手児女《てこめ》と書ける由《よし》、かたち美《び》なるに比したるもの歟《や》、偖《さて》、末子《すえこ》を手児《てこ》と云《いう》は、殿子《テコ》なるよし、殿の字は尻払《しりはら》ひと訓ずる故なり、枝折萩《しおりはぎ》（室町時代の流行歌）にま丶のてこと有《あり》、是あづまの俗語《ぞくご》也と、万葉集、手児奈《てこな》、或は氏胡奈とも、古《いにし》へ雲の上人《うえびと》此所へ左遷へまして、其名を真間大納言と号せし、其姫御前《ひめごぜん》にてなん、人に嫁《か》し給《たま》はずといひ伝へり

（注）『葛飾誌略』より関連個所を記す。

一、手児名社《てこなしゃ》。手児名の霊を祭る。石階《いしきざはし》の下東の方《かた》へ入《い》る也。千七百余年に及ぶ。清輔《きよすけ》の奥義抄《おうぎしょう》に云《い》ふ。下《しも》つふさの国かつしかの真間の井に水をくむ女、その姿たへにて月を望むが如く、花の咲くが如し。見る人懸想《けそう》すること、夏の虫の火に入るが如く、湊《みなと》に船の入るが如し。此女、思ひあつかひ、其身を水に投ぐ。云々《うんぬん》。

万葉集。かつしかの真間の入江に打なびく玉藻刈りけんてこなしぞ思ふ　山部赤人《やまべのあかひと》。

同集。我もみつ人にもつげん葛飾の真間の手児名が奥つきどころ　同。

（注）『江戸名所図会』より関連個所を記す。

真間の手児名《てこな》旧蹟　同所継橋より東の方、百歩ばかりにあり。手児名が墓の跡なりといふ。後世祠《こうせいほこら》を営みてこれを奉じ、手児名明神と号す。婦人安産を禱り、小児疱瘡《しょうにほうそう》を患《うれ》ふる類《たぐい》、立願《りゅうがん》して其奇特《きどく》を得るといへり。祭日は九月九日なり。伝へ云ふ、文亀《ぶんき》元年（一五〇一）辛酉《かのとり》九月九日、此神弘法寺《ぐほうじ》の中興第七世日與上人《にちよしょうにん》に霊告あり。よつてこ丶に崇《あが》め奉《たてまつ》るといへり。［春臺文集］継橋記《つぎはしのき》に、手児名の事を載せたりといへど

も、其説里諺《りげん》によるのみにして、證《しょう》とするに足らず。
（後略）
（注）『現代語訳成田参詣記』より関連個所を記す。
手児奈墓《てこなのはか》
或る書に、継橋より百歩ばかり東の方にあって、墓じるしに松の木一株が存していた、後に傍《かたわら》に祠《ほこら》を立てて、手児奈明神（現在の堂宇《どうう》は文政《ぶんせい》七年（一八二四）の創建になるもので、数次にわたり修復が加えられ、明治二年に手児奈霊堂として弘法寺に移管された）と称した、毎年九月九日を祭日とするとある。何に拠《よ》ってのことであろうか。相伝えていう、文亀《ぶんき》元年（一五〇一）九月九日、弘法寺在住の日興《にっこう》（一書に與に作る）上人《しょうにん》がこの祠を創建せられた因《ちな》みにより、その日を祭日とすると〈現在は手児奈霊堂で、四月八・九日と十月八・九日に大祭が行われている〉。

▲継橋記

太宰純撰

継橋の継は継母の継であるとする説

東都之東、入二総州一四十里所、其地曰二継里一因二橋名一也、継之為二名区一尚矣、自二山赤人橋虫生一歴世詞人、皆詠二歌之一何永歌、詠二歌氏胡一氏胡者何女子名也、曷為レ詠二歌氏胡一、其説未レ詳、以二里人所レ伝一、氏胡早喪レ母、継母不レ慈、氏胡事レ之孝、継里瀕レ海、井水皆不レ食、唯有二一井一、寒泉可レ食、氏胡曰汲焉、以養二継母一、有二少年一見而従レ之、闞其人就闞二氏胡家一者数矣、継母覚レ之以為レ盗而氏胡為レ之内応於レ是殴二氏胡一、辞弗レ釈、殴レ之幾二乎死一、氏胡乃走、自投二橋下一而死、里人哀レ之取而葬レ之、封レ土樹レ松以識レ之、謂二其橋一曰二継橋一、謂二其井一曰二継井一、以懲二継母之悪一也、墓也、橋也、井也、于レ今猶存云、其後、僧空海東遊留二乎此一、里人因テ造レ寺焉、海諡二弘法一故号二弘法寺一、後廃有二僧日蓮一修レ之、今見レ存、継橋在二其下一、継井與氏胡墓皆在二其東北百歩之内一、自二数百年之後一、海変為レ田、継里今南去レ海、可二二十里一、登二弘法寺一、則平野漫々、東不レ見二其所レ極一、西望二東都一、則城市人烟、尽在二目中一、実勝概也、弘法之西北、有二総寧禅寺官刹一也、未レ至二弘法一、里所有二関河一焉、東岸赤壁数仞可レ観矣、余與二藤東壁一、以二丁酉之十月一遊二継里一、東壁之季父為レ僧在二弘法寺一、因テ宿二其房一而帰、既悉二故事一矣、於レ是乎記

（注）『現代語訳成田参詣記』より関連個所を記す。
『継橋記』は『春台文集』〈儒学者、太宰春台（一六八〇～一七四七）の文集。宝暦《ほうれき》二年《一七五二》刊〉巻三に載せる「継橋記」（『江戸名所図会』では、民間の伝承によっているだけで、証拠とするには足らない、という）としているが、『現代語訳成田参詣記』に現代語訳が載って

いるので長文だが参考のために記す。

江戸の東、下総国《しもうさのくに》に入《はい》って四十里《り》ばかりの地を「継《まま》の里」という。継《まま》橋という橋の名に因《ちな》んで名付けた地名である。継《まま》は古来、景勝の地で、万葉時代の山部赤人《やまべのあかひと》・高橋虫麻呂《たかはしむしまろ》を始めとして、歴代の歌人が皆、これを歌に詠んだ。何を詠んだかというと、それは氏胡《てこ》を題材としたのである。では「氏胡《てこ》」とは何か。女性の名である〈いわゆる「真間の手児名《な》」のこと〉。なぜ彼女のことを歌に詠むのか。その由来は実は詳《くわ》しくわかっていないのだが、土地の人が伝えるところから考えると、次のような話である。

氏胡《てこ》は早く母に死別し、継母《ままはは》は彼女にやさしくしなかったが、それでも氏胡《てこ》は継母に孝行した。継《まま》の里は海に近く、井戸水は〈塩分のため〉飲むことができない。唯一《ただひと》つだけ清冽な泉があり、氏胡《てこ》は毎日その水を汲んで継母を養っていた。一人の若者があって、水汲みに行く氏胡《てこ》を見て心惹《ひ》かれ、あとをつけてゆくと、彼女は家の奥へ引っ込んでしまった。同じように跡をつけて氏胡《てこ》の家を覗《のぞ》き窺《うかが》う男たちが何人もある。継母《ままはは》はこれに気付き、盗《ぬす》人扱いにするが、氏胡《てこ》は男のためを思い、母をなだめたが、そのためかえって母の怒りは増《つの》し、氏胡《てこ》に手をあげ、言葉に耳を貸そうともせず殴る打つの乱暴に及ぶ。いたたまれなくなった氏胡《てこ》はそのまま家を出て、橋から身を投げて死んだ。里人は彼女を哀れみ、きちんと葬った。墓に土盛りをして、しるしの松を植えた。その橋を継《まま》橋といい、その井を継《まま》の井という。継母《ままはは》の悪心を憎んでのことである。墓も橋も井も、すべて現在まで残っているという。

その後、空海《くうかい》が東国を遍歴したとき、この里にしばらく止《とど》まり、寺を造った。人々はそれに因《ちな》み、弘法大師《こうぼうだいし》と諡《おくりな》〈死後、贈られる名〉された人が創った寺なので弘法寺《ぐほうじ》と名づけた。寺は後に廃絶したが、日蓮《にちれん》がこの寺を修復した。今でもある継《まま》橋は、寺のすぐ近くにある。継《まま》の井と氏胡《てこ》の墓も皆、寺の東北百歩以内にある。氏胡《てこ》の時代から数百年が経ち、かつて海だったところも田地となっている。継《まま》の里は今では南にある海岸から二十里も離れているであろう。弘法寺に登ると、平野は開けて広々としており、東の方へ果てなく続いている。また西の方角に江戸を望めば、繁華の町の様子が手に取るように見える。まことにすばらしい景色である。

弘法寺の西北に総寧禅寺《そうねいぜんじ》がある。幕府の保護監理する名刹《めいさつ》である。また、道中、弘法寺に到る手前の里に川があり、東岸は赤土の崖が数仞《じん》〈一仞は約一・六メートル〉も切りたっていて、目を驚かす名所である。私は藤東壁〈安藤東野。春台と同門の儒者〉とともに丁酉《ひのとり》の年〈享保《きょうほう》二年《一七一七》〉十月に継《まま》の里を訪れた。東壁の末の叔父が僧侶となって弘法寺にいたので、その人の住房に泊って江戸へ帰った。以上でこの里に関する故事はすべてであり、それをここに記した。（筆者注：継母はママハハとも読む）

（注）『葛飾記』より関連個所を記す。
継橋《つぎはし》　むかしは、両岸より板を以《もっ》て、中梁《なかはり》にて打《うち》かけ継《つぎ》たる故いふ、何方《いずかた》にも有るもの也、海よりの入江、橋の辺迄有《あたりまであり》しと見へたり、夫《それ》にては景猶異《なおい》なり

真間《まま》弘法寺《ぐほうじ》入口石階《いしきざはし》より少し前、石碑《せきひ》有る小橋《こばし》をいふ、

継橋ノ銘

継橋興廃、惟文継《これふみはしを》レ橋《つぐ》、歌林千歳、万葉不《おちぶれ》レ凋《ず》、

鈴木長頼勒レ之《これをきざむ》

（後略）

（注）『葛飾誌略』より関連個所を記す。

一、継橋　並木を過ぎて少しの川に渡す。凡二三間の橋なりしが、高名の橋也。鈴木長頼銘有り。碑《ひ》橋の側にあり。繼橋興廃。維文維橋。詞林千歳。萬葉不レ凋。

（後略）

（注）『江戸名所図会』より関連個所を記す。

真間継橋《ままのつぎはし》　弘法寺《ぐぼうじ》の大門《だいもん》、石階《いしはし》の下《もと》、南の方《かた》の小川に架《わた》す所のふたつの橋の、中《なか》なる小橋《こばし》をさしていへり。或人いふ、古《いにしえ》は両岸より板をもて中梁にて打ちかけたる故に、継《つぎ》はしとはいふなりと。さもあるべきにや。

（後略）

▲安国山惣寧寺《あんこくざんそうねいじ》

二度移転した古刹

国府台《こうのだい》　又国分台《こくぶんだい》　鴻台《こうのだい》共《とも》　古説真土山《まつちやま》と云《いう》

什宝等、寺記に委《ゆだね》し。

(注) 千葉県市川市国府台《こうのだい》三丁目十番一号。簡略な記載である。

(注)『葛飾記』より関連個所を記す。

総寧寺《そうねいじ》　附たり国府台《こうのだい》 古戦場、寺領

本路市川村より根本橋《ねもとばし》を越へ、根本村を過《すぎ》て坂を登る、弘法寺《ぐほうじ》山中にも直《じき》に行也《いくなり》、禅曹洞《ぜんそうとう》宗江府《しゅうこうふ》四ヶ寺の本寺の司《つか》サ上《か》ミ、関東三ヶの僧録《そうろく》の其《その》一ヶ也、安国山総寧寺《あんこくざんそうねいじ》ト号《ごう》す、開山通《かいざんつう》幻和尚《げんおしょう》、尤《もっとも》、三ヶの僧録の司《つかさ》は、越前国永平寺《えちぜんのくにえいへいじ》なり、三ヶの僧録を支配する也《なり》、三ヶの僧録ハ《は》、下総国国府台《しもうさのくにこうのだい》の総寧寺《そうねいじ》、常陸国富田大中寺《ひたちのくにトビタノだいちゅうじ》、武蔵国生越竜穏寺也《むさしのくにヲゴセりゅうおんじなり》、江府《こうふ》三ヶ寺は、愛宕下《あたごした》の青松《せいしょう》寺《じ》、橋場《はしば》の惣泉寺《そうせんじ》、高輪《たかなわ》の泉岳寺《せんがくじ》也、駒込《こまごめ》の吉祥寺《きちじょうじ》を入《いれ》て四ヶ寺なり、何《いず》れも洞家《とうけ》、但し吉祥寺は総寧寺同位司サの由　尤《もっとも》、総寧寺よりも、永平寺と同《おなじ》く、京師《みやこ》の道正庵《どうしょうあん》の解毒《げどく》丸《がん》を出《いだ》す也、当寺は旧ト関西近江国《おうみのくに》に有《あり》しを、天正《てんしょう》年中（一五七三～九一）、小田原の北《ほう》条《じょう》氏政《うじまさ》当国の関宿《せきやど》へ遷《うつ》す、後又《のちまた》、故有《ゆえあり》て、寛文《かんぶん》年中（一六六一～七二）、関宿より此国府《このこうの》台《だい》へ移すと也、但《ただ》し大水を逃る、為也とぞ、且《かつ》戦場の霊魂《れいこん》を示し、宥《なだ》めんが為なるべし是絶境《これぜっきょう》にして、静謐清浄《せいひつせいじょう》の禅林《ぜんりん》也、此所より、江戸上《うえ》野《の》中堂近く見ゆる、高き事、名にしおふ千尋《ちひろ》にして、赤壁《せきへき》の如《ごと》し、見る則は、自ら身を危《あや》ふして、是を過《す》ぐ、伝《つた》へ聞《きく》、震旦《しんたん》の天台山の赤城《せきじょう》山上の石橋の尺面《しゃくめん》も、かくやと覚へたり、惣門《そうもん》より入《いる》、所化寮《しょけりょう》有《あ》り、山門の右は鐘楼《しょうろう》、左は鼓楼《ころう》、浄頭《じょうとう》傍《かたわ》らに有り、雪隠《せっちん》の事 回廊より左《ひだり》禅堂、右《みぎ》斎堂、向《むかい》は法堂の仏殿也、何《いず》れも厚藁葺《あつわらぶき》、是を三堂と申すよし、大門《だいもん》の内、太田道灌手植《おおたどうかんてうえ》の榎《えのき》有《あ》り、

（後略）

（注）『葛飾誌略』より関連個所を記す。

一、総寧寺　安国山と云ふ。禅曹洞。開基通幻和尚。凡四百六十七年に及ぶ。関東総録司《つかさ》三ケ寺の内也。所謂《いわゆ》る三ケ寺は、下野富田《しもつけとびた》大中寺・武州川越《ぶしゅうかわごえ》龍穏寺・当寺、是也《これなり》。

（注）『江戸名所図会』より関連個所を記す。

安国山總寧寺《あんこくざんそうねいじ》　市河《いちかは》の駅より北の方《かた》の丘、利根川の流《ながれ》に傍《そ》うてあり。曹洞派《そうどうは》の禅林《ぜんりん》にして、関東の僧録司《そうろくし》三箇寺《かじ》の一員たり。所謂《いわゆる》常陸富田《ひたちとびた》大中寺・武蔵《むさし》越生《おごせ》龍穏寺・当寺は是なり。本尊は釈迦如来、開山は通幼《つうよう》（幻力）和尚といふ。当寺往古《とうじむかし》は近江国《おうみのくに》にあり。天正《てんしょう》三年（一五七五）乙亥《きのとい》、北条氏政《ほうじょううじまさ》当国関宿《せきやど》の地に移す。されど、屢《しばしば》洪水の患《うれい》あるにより、寛文《かんぶん》中（一六六一〜七二）竟《つい》に此地《このち》に引くとなり。惣門《そうもん》の内《うち》、右に塩竈《しおがま》六社明神の社《やしろ》あり。陸奥《みちのく》の摸《うつし》なりといふ。太田道灌手植榎《たどうかんてうえのえのき》と称するは、大門《おおもん》の通列樹《とおりなみき》の中《うち》、下馬《げば》の石碑《せきひ》に相対《あいたい》して右の傍《かたわら》にあり。又客殿の脇に梅の老樹《おいき》あり。是も道灌 親《みずから》 栽《う》うる所とぞ。

当寺より京師道正庵《みやこどうしょうあん》の解毒丸《げどくがん》を出《いだ》せり。

(注)『現代語訳成田参詣記』より関連個所を記す。

安国山総寧寺《あんこくざんそうねいじ》

国府台村《こうのだいむら》〈現市川市国府台〉にある。寺領は百二十八石五斗余(天正十九年《てんしょう一五九一》辛卯《かのとう》十一月。場所は国府台村と八幡村《やわたむら》とにある)。禅宗曹洞派関東総録司三か寺の一つである。本尊は釈迦如来、開基は佐々木氏頼《ささきうじより》(永徳三年《えいとく一三八三》創建《そうこん》)、開山は通玄寂霊和尚《つうげんじゃくれいおしょう》である。この寺はもと近江国馬場村《おうみのくにばばむら》〈現滋賀県坂田郡米原町番馬〉にあったのを、天正三年《一五七五》に北条氏政《ほうじょううじまさ》のはからいで関宿宇和田《せきやどうわた》〈現千葉県関宿町〉に移り(いま臨川庵《りんせんあん》という寺がその址《あと》である)、元和三年《げんな一六一七》に内町《うちまち》〈関宿町〉に移した。ところが内町も屢《しばしば》洪水の難に遭《あ》ったので、寛文三年《かんぶん一六六三》にまたこの地に移ったのである。(後略)

▲挿図（玉藻《たまも》刈水汲《かりみずくみ》て継母に仕ふ―手古奈《てこな》の図）

金堤、北斎に挿絵を依頼する

（注）葛飾北斎《かつしかほくさい》。江戸後期の浮世絵師《うきよえし》。もと川村氏、のち一時中島氏。江戸本所生まれ。葛飾派の祖。洋画を含むさまざまな画法を学び、すぐれた描写力と大胆な構成を特色とする独特の様式を確立。版画では風景画や花鳥画、肉筆画では美人画や武者絵に傑作が多く、「北斎漫画」などの絵手本や小説本の挿絵にも意欲を示した。代表作「富嶽《ふがく》三十六景」。（一七六〇～一八四九）。

行徳金堤の三歳年上。北斎が五十三歳の時に『勝鹿図志《かつしかずし》手くりふね』の挿絵を画《か》いた。金堤の交遊の広さがよく分かる。幾度か北斎を訪ねたのであろう。

（注）『葛飾記』より関連個所を記す。

手児奈《てこな》ノ宮　真間《まま》の麓《ふもと》、古松有所《こしょうあるところ》小社也《しょうしゃなり》、附たり和歌

（前略）

真間の歌枕《うたまくら》写し、左に誌《しる》す、

万葉集第三、過《すぎし》ニ勝鹿《かつしか》真間《まま》娘子墓《じょうしのはかを》一時《とき》

玉藻刈水汲て継母に仕ふ（手古奈の図）

山部宿禰《やまべのすくね》赤人《あかひと》

いにしへに　ありけむ人の　しづはたの　帯ときかへて　ふせやたて　妻どひしけむ
かつしかの　ままのてこなの　おくつきを　玆《ここ》とはきけど　まきの葉や　繁《しげ》くあるらむ
松が根や　遠く久しき　ことのみも　名のみも我は　わすられなくに

反　歌

我も見つ人にもつげんかつしかのまゝの手児奈がおきつきどころ
かつしかのまゝの入江に打《うち》なびく玉藻《たまも》かりけん手児奈しぞ思《おも》ふ

万葉集第九、詠《よむ》二勝鹿《かつしか》真間《まま》娘子《じょうしを》一歌一首幷《ならびに》二短歌

高橋連虫麿《たかはしのむらじむしまろ》

鳥が啼《な》く　あづまの国に　いにしへに　有《あり》けることと　今までに　絶えずいひくる　か
つしかの　まゝの手児奈が　あさぎぬに　青くびつけて　ひたさをを　もにはをりきて
髪だにも　かきはけづらず　くつをだに　はかず行《いけ》ども　にしきあやの　中につつめ
る　いわひごも　いもにしかめや　もちづきの　みてる面輪《おもわ》に　はなのごと　ゑみてた
てれば　なつむしの　火に入《いる》がごと　湊《みなと》いりに　船こぐごとく　よりかぐれ　人のいふ
とき　幾《いく》ばくも　いけらぬものを　なにすとか　身を棚《たな》しりて　波の音の　さわぐみな
との　おきつきに　妹《いも》がこやせる　遠きよに　有《あり》けることを　きのふしも　見けむがご
とも　おもほゆるかな

反　歌

勝鹿《かつしか》のまゝの井見れば立《たち》ならし水を汲《くま》けん手こなしおもほゆ

清輔奥義抄《きよすけおうぎしょう》に、是は下総国勝鹿真間野井《しもうさのくにかつしかままのい》に水汲《みずくむ》女なり、其形たへにして貴女には千倍せり、如《もちづきの》二望月《ごとし》一　如《はなさく》二花咲《ごとし》一にて、たてるを見て、人々相競ふこと夏の虫の火に入るごとく、幾ばくならぬよしを存して、其投《そのミナグトみなとにうんぬん》レ湊云々、其心をよめる也、かつしかのまゝの手児奈ともよめり、まゝの井萩原などよめる、みな此《この》所《ところ》なり、

万葉集第十四、下総国歌一首

作者未詳

かつしかの真間のてこながありしかばまゝのおすひに波もとゞろに

仙覚抄《せんかくしょう》、真間のおすひにとは、おそひに也、山のそひにと云《いう》なり、

（後略）

▲真土山夕《まつちやまゆう》こへくれば庵崎《いほさき》の角田川原《すみだがわら》にひとりかもねん

国府台の崖が赤い真土山だから真土山というか

此《この》山の古歌なりと云《いう》。昔は角田川・庵崎《いほさき》・関屋《せきや》の里《さと》、下総《しもうさ》かつしかの名処《めいしょ》とす。後、利根川（江戸川のこと）を境として武蔵になしたるにより、真土山も今の所にうつし、角田川より一と目に見はたすやう《（ママ）》になしたるとおぼゆ。哥《うた》の心も今の真土山にしては、かなふべくとも見へず。又国分台《こくぶんだい》の利根川岸赤き真土なれば、名付たりしとも云。

（注）真土山。まつちやま。待乳山《まつちやま》。歌枕《うたまくら》。大和国《やまとのくに》と紀伊国《きいのくに》の境の山。現在の奈良県五条市と和歌山県橋本市の境にある。「真土山」「亦打山」「又打山」「信打山」とも書く。歌には「待つ」をかけ、「松」「ほととぎす」「女郎花《おみなえし》」などの語とともに詠まれた。また、江戸の地名。現在の東京都台東区浅草四丁目本竜院境内にある小丘。古来、花柳界の信仰が厚い。

（注）『万葉集』巻三　雑歌《ぞうか》　二九八　弁基の歌一首
真土山夕越《まつちやまゆふ》え行きて庵前《いほさき》の隅田川原《すみだがわら》にひとりかも寝む
（真土山を夕ぐれに越えて行って、庵崎の隅田の河原に一人寝ることであろうか）

（注）『葛飾記』より関連個所を記す。

葛飾《かつしか》の郡《こおり》 附旧湊《みなと》の事 并《ならびに》 真土山《まつちやま》の事

（前略）

歌枕《うたまくら》秋《あき》の寝覚《ねざめ》、諸国名所記等も、皆、角田川《すみだがわ》、関屋里《せきやど》、庵崎《あんざき》等、下総国《しもうさのくに》名所と載す、

（中略）

角田川は下総のかた慥《たしか》にや、隅田川《すみだがわ》は事置《ことおき》、まつち山さへ下総国の名所也、今の金竜山《きんりゅうざん》の待乳山《まつちやま》は、彼の地へ模されたる也、歌枕秋の寝覚、下総の名所と有り、是を以て考へ見るに、国府台《こうのだい》の円き岸の高きを、真土山と云也《いうなり》、是にては、景物に載する所の、おろす嵐山《あらしやま》のかひ等も有《これ》レ之《あり》、弁基法師《べんきほうし》の、まつち山夕こえくれて庵崎《いほさき》の角田川原にひとりかもねむ、の歌は、暮《くれ》て一里行く歌也、真間の渡り、市川の宿を越て也証拠は、真間ほどの山を、真間の山とも岡とも名所に載すべきを載せず、載てあれば、国府台共にして用ゆべき也、是真土山成故《これまつちやまなるゆえ》に、ま丶の山とは載せず、是にて識得《しりえう》有べき也、金竜山にしては、余りちよろき事也、太義なれどもが本意也、（後略）

▲鴻台古城跡《こうのだいこじょうあと》

太田道灌、惣寧寺境内に城を築く

文明《ぶんめい》十一年（一四七九）七月太田持資入道道灌、下総臼井《うすい》の一揆を鎮《しず》めんため此処《このところ》に向城を取立られしが、今、寺より西の台世《よ》に古戦場と云《いう》。是城跡也。

太田道灌

武士《もののふ》のいくさの場《にわ》の勝しかや国は心のまゝの継はし

（注）文明十年（一四七八）十二月十日、太田道灌、国府台に出撃、堺根原（松戸市）に陣を敷いた千葉孝胤の軍を破り、市川を手に入れる。
（注）『葛飾誌略』より関連個所を記す。
一、古城跡。享保《きょうほう》の初め（一七一六〜）上覧の所也。総寧寺《そうねいじ》の後《うしろ》の山也。文明《ぶんめい》十一年（一四七九）七月、総州一揆、原扇ヶ谷《おおぎがやつ》に叛し、臼井《うすい》城主立籠《たてこも》る。よって太田道灌発言して此地に縄張りし、築いて向城となし、一揆を亡す。要害堅固の地也。道灌凱陣の歌に、武士《もののふ》の軍《いくさ》のにはにかつしかや花はこゝろの真間の継橋。
（注）『江戸名所図会』より関連個所を記す。

国府臺古戦場《こふのだいこせんじょう》　總寧寺の境内すべて其旧跡なり。文明《ぶんめい》十一年（一四七九）七月、北総《ほくそう》の一揆、臼井《うすい》の城に楯籠《たてこも》りける頃、太田持資《もちすけ》兵を発《おこ》して此地《このところ》に陣城《じんじょう》を取立て、件《くだん》の一揆を攻め落しける程の究竟《くっきょう》の要害なりければ、天文《てんもん》六年（一五三七）にも或はいふ七年。小弓《おゆみ》（又《また》作《ル》二生《オヒ》實《ミ》一ニ）御所足利左兵衛佐義明《ごしょあしかがさひょうえのすけよしあきら》、兵を赴《おこ》し小田原を攻めんとし、いまだ事ならざるに洩《も》れて、其聞《そのきこえ》ありければ、同年《おなじとし》十月四日、北条氏綱《ほうじょううじつな》及び氏康《うじやす》小田原を進発し、同《おなじき》五日鴻《こう》の臺《だい》の陣を責《せ》むる。戦利《たたかいり》なく、義明父子《よしあきらふし》幷《ならびにしゃていもとより》舎弟基頼共に討死《うちじに》す。又永禄《えいろく》七年（一五六四）には、太田新六郎康資《おおたしんろくろうやすすけ》兄弟の輩《ともがら》、小田原に背《そむ》き、同苗美濃守資正入《どうみょうみののかみすけまさにゅう》道三楽斎《どうさんらくさい》、及び里見安房守義弘《さとみあわのかみよしひろ》等と此地に屯《たむろ》しければ、小田原より討手《うって》として、遠山丹《とおやまたん》波守《ばのかみ》・同隼人佐《おなじくはやとのすけ》をむかはしむ。故に太田兄弟相図相違《あいずそうい》して、武州岩附《ぶしゅういわつき》へ落ち行きけり。然《しか》るに北条氏康父子《ほうじょううじやすふし》、小田原より馳《は》せ向ひ、同年正月七日・八日大《おおい》に戦ふ。依《よっ》て義弘・三楽の輩《ともがら》、終《つい》に敗走す。以上諸書に載する所の要を摘む。

（後略）

▲同古戦場

国府台合戦の顚末《てんまつ》を記す

前後両度の大戦は城攻《しろぜめ》にはあらず。平場《ひらば》の戦也《いくさなり》。前合戦《さきのかっせん》は天文《てんぶん》七年（一五三八）十月里見義《さとみよし》尭《たか》、小弓《おゆみ》の御所義明《ごしょよしあきら》を奉じて此台《このだい》に出張《でばり》し、北条氏綱《ほうじょううじつな》・氏康《うじやす》と戦《たたか》ひ、房総方《ぼうそうがた》敗れて義明打死《うちじに》す。『北条軍記』曰《いわく》、小弓ノ御所義明威勢広大《いせいこうだい》ニ成《なり》シカバ古河《こが》ノ公方晴氏公《くぼうはるうじこう》ヨリ義明ヲ追討《ついとう》スベキ由《よし》氏綱ヘ御頼《おたの》ミアリ。氏綱モ義明ノ威勢強《つよ》ケレバ為我《ためわれ》マデモ悪《わる》カリナント兼《かね》テヨリ被思《（オボサレ）》ケレバ即《すなわ》チ御請《おうけ》ヲ申《もうし》テ分国《ぶんごく》ノ勢ヲ合セ、小弓ノ御所ヘ発向《はっこう》スベキ用意ヲゾ被致《（イタサレ）》ケル。義明聞《きき》テ急《いそ》ギ中途《ちゅうと》ニ馳向《はせむかい》テ可レ防《ふせぐべき》トテ弟基頼《もとより》并《ならびに》御曹司《おんぞうし》ヲ先懸《さきがけ》ノ大将トシテ里見義尭《さとみよしたか》ヲ副将軍トシ、安房《あわ》・上総《かずさ》・下《しも》総《うさ》ノ軍兵《ぐんぴょう》ヲ催《もよお》シ同国鵠《こう》ノ台《だい》ニ陣ヲ張《はる》、市川ヲ前ニアテ、待懸《まちかね》タリ下略後《あと》の合戦は永禄《えいろく》七年（一五六四）正月七日八日、里見義弘《さとみよしひろ》・太田三楽《おおたさんらく》此台《このだい》にて北條氏康《ほうじょううじやす》・氏政《うじまさ》と戦《たたか》ひ、房総方又敗北す。『北条軍記』曰《いわく》、北條氏康・氏政ハ遠山丹波守《とおやまたんばのかみ》・冨永三郎左衛門《とみながさぶろうざえもん》ヲ先渾《（ママ）》（陣）トシテ伊豆《いず》・相模《さがみ》・武蔵《むさし》ノ軍勢ヲ引卒《いんそつ》シテ鵠《こう》ノ台《だい》ヘ押向《おしむか》ハル。房州勢ハ敵ヲ難所ヘ引請《ひきうけ》ン為《ため》、鵠ノ台ノ中断《ちゅうだん》ニ備《そなえ》タリ。去程《さんぬるほど》ニ遠山冨永鬨《とき》ノ声ヲ揚《あげ》ルト同《おなじ》ク、ヲメキ叫ンデ攻登《せめのぼ》ル。房州勢ハ敵ヲ思フ難所ヘ引寄セタリ。正木大膳《まさきだいぜん》、真先《まっさき》ニ進ミ総手《そうて》ヲ乱シテ切《きっ》テ懸《かか》ル。小田原勢追立《おいたて》ラレ、坂中《さかなか》ニテ足ヲ立兼《たてかね》タリ下略

（注）『葛飾記』より関連個所を記す。

総寧寺《そうねいじ》 附たり国府台《こうのだい》 古戦場、寺領

（前略）

又、国府台《こうのだい》と云《いう》は、古戦場跡、総寧寺の境内の惣号也《そうごうなり》、総寧寺より東の方《かた》に六所《ろくしょ》ノ明神有《みょうじんあり》、神主《じんしゅ》有、此《この》明神は国々国府《こくふ》中に祭在《まつりあり》ます八幡国分寺《はちまんこくぶんじ》と同じ 則《すなわち》、浦《うら》

入江《いりえ》歌読合《うたよみあわせ》也、鴻《こう》の社《やしろ》有《あ》り、国府の社也 是《これ》も葛飾郡《かつしかごおり》は下総国の府成故《ふなるゆえ》、此社を祀《まつ》る、府中惣鎮《そうちん》守《じゅ》の心也、太田《おおた》左金吾《さきんご》源太夫道灌《げんだゆうどうかん》鎌倉足利将軍の臣 城を築く、後、安房《あわ》の武将里見義弘《さとみよしひろ》持つ、小田原の北条氏康《ほうじょううじやす》是を攻め取る、此時の古戦場也、川瀬を鴻鳥《こうのとり》渡る所を見付て、小田原の勢《ぜい》、後《あと》を襲《おそい》て渡り攻る、故に亡ぶと也、依《よっ》て鴻《こう》の社《やしろ》を祭ると、俗に云伝《いいつた》ふ、此事往々《おうおう》世に濶《ひろ》し、委《くわし》くは、北条五代記、見聞軍記等に見へたり、但し、小田原北条一代伊勢新九郎氏茂《いせしんくろううじしげ》、二代北条氏綱《うじつな》、三代同氏康《うじやす》是右の氏康也、此人《このひと》関八州不レ残《のこらず》平げて、勝れて武功有、大将揃に出《いづ》 四代同氏政《うじまさ》右総寧寺を関宿へ遷地《せんち》す 五代同氏直《うじなお》東照宮の御婿《おんむこ》也、此《この》仁《じん》にて亡ぶ、以上五代 又別に古戦場と云有《いうあ》り、則《すなわち》、殿主台《てんしゅだい》の跡と云有《いうあり》、但し常の矢倉ならん 白檀《びゃくだん》の木多く有り、本堂より西の方《かた》也、願《ねがわ》ざれば入《い》れず、殿主台《てんしゅだい》の上に小社有《あり》、是八幡《はちまん》宮《ぐう》也 又此山中に正木大膳《まさきだいぜん》の棺石《かんいし》の唐櫃有《カラウドあり》、是は里見義弘の弟、則《すなわち》義弘は来らず、正木大膳此所《このところ》へ来《きた》り討死《うちじに》せしを葬りたる槨《ひつぎ》の由也《よしなり》、少し埋り有レ之《これあり》、一説に、義弘石櫃《いしびつ》の中に隠れ忍びし共云《ともいう》、

又、正木大膳は義弘の家老也、（後略）

（注）『葛飾誌略』より関連個所を記す。

一、石棺（明戸《あけど》古墳石棺）。山上にあり。土に埋る。是を石の唐櫃《からびつ》とて、以前器物など此中より出でたりといへど、さにあらず。棺槨《かんかく》（ひつぎ、かんおけ）なるべしと或人いへり。又、床几《しょうぎ》坂などといふ所あり。里見家と北条家と両度の大合戦あり。然《しか》れども城攻めにあらず。平場《ひらば》の合戦也。此辺より八幡鬼越《やわたおにごえ》の辺迄の間にて軍《いくさ》あり。前《さき》の軍《いくさ》は天文《てんぶん》七年（一五三八）十月五日也。北条軍記に曰《いわ》く、生實《おゆみ》の御所義明《ごしょよしあきら》威勢広大にして、古《こ》

河公方《がくぼう》晴氏公《はるうじこう》より義明を追討すべきよし氏綱《うじつな》へ御頼み有り。中略。義明聞いて急ぎ中途にて馳《は》せ廻《めぐ》りて防ぐべしとて、弟基頼幷《ならび》に御曹司を大将とし、里見義尭《よしたか》を副将として安房《あわ》・上総《かずさ》の軍兵を催し、同国鵠の臺《こう》に陣を張り、市川を前に当て待ちかけたり。下略。後の合戦は永禄《えいろく》六年（一五六三）癸亥《みずのとい》正月七日八日の事也。北条軍記に曰《いわ》く、北条氏康・氏政は、遠山丹波守《とおやまたんばのかみ》・富永四郎左衛門を先陣として、伊豆・相模・武蔵の軍勢を率《そつ》し鵠の台へ押向ふ。房州勢は敵を難所へ引請けん為、鵠の台の中段に備へたり。去《さん》ぬる程に、遠山・富永、鬨《とき》の声を揚ぐると同じく喚《わめ》き叫んで攻め登る。房州勢は敵を思ふ難所へ引き寄せたり。正木大膳真先に進み、惣手《そうて》を乱し切ってかかる。小田原勢追ひ立てられ、坂中に足を立てかねたり。中略。又、古戦記三考に曰く、正月初め三楽斎・康資、相共《あいとも》に総州《そうしゅう》葛飾郡《かつしかごおり》国府臺《こうのだい》へ出張《でばり》し、利根川・鬼奴川の落合なる市川の渡りを前に当て、真間の幽林を抱へに、江戸の城を西南に見なし、旗馬印《はたうまじるし》堂々と並べて寄《よせ》手《て》遅しと待ち懸けたりしに、房源の軍勢は里見左馬頭《かみ》義弘を大将として、中略。以下凡三千余人、堂々として備へたり。房源・岩槻の両勢国府臺に出張の由、南方へ相聞えければ、氏康軍議して、中略。爰《ここ》に江戸の遠山丹波守直景・葛西《かさい》の富永次郎左衛門政家は、中略。在り合ふ人数を引率《いんそつ》し、遠山直景は行徳《ぎょうとく》を押して行く。富永政家は小松川川辺迄駆け出でたり。中略。去《さん》ぬる程に遠山・富永は綱成が返答にて勇み進み向ひけるが、是ぞ最期の軍とは後にぞ思ひ合されける。中略。惣じて此日の戦ひに、北条家へ討取る首五千三百廿余級、里見家へ討取る首数三千七百六十余級也。其外、手負双方に夥《おびただ》し。凡、里見義弘の如き、又、太田資政の如きは、智勇といひ、武略といひ、斯《か》くばかり敵に不意を襲はるべき人傑に非れども、極運の致す所にて、是非も無き事也。

云々。

（注）『江戸名所図会』より関連個所を記す。国府臺古戦場《こふのだいこせんじょう》については「鴻台古城跡」にて引用しているので略す。

石櫃《せきひつ》二座《ざ》　同所にあり。寺僧《じそう》伝へ云ふ、古墳二隻《そう》の中《うち》、北によるものを里見越前守忠弘の息男《そくなん》、同姓長九郎弘次といへる人の墓なりといふ。一つは其主《そのぬし》詳《つまびらか》ならず。或は云ふ、里見義弘の舎弟正木内膳の石棺《せきかん》なりと。中古《ちゅうこ》土崩れたりとて、今は石棺の形地上にあらはる。其頃櫃中《ひつのうち》より甲冑《かっちゅう》・太刀《たち》の類《たぐい》、および金銀の鈴・陣太鼓、其余《そのよ》土偶人《どぐうじん》等を得たりとて、今其一二を存して、總寧寺に収蔵《しゅぞう》せり。

按《あん》ずるに、上世《じょうせい》の人の墓なるべし。里見長九郎及び正木内膳の墓とするは、何《いず》れも誤《あやまり》なるべし。

▲海巌山徳願寺《かいがんざんとくがんじ》

在本行徳村《ほんぎょうとくむら》

悟りの境地に達していた第十七世晴誉和尚《せいよおしょう》

本尊阿弥陀如来《あみだにょらい》は鎌倉右大将家二位の禅尼《ぜんに》（源頼朝の妻政子のこと）の、大佛工《だいぶっく》運慶《うんけい》に命じて彫刻なさしめ玉《たま》ふ尊像なるよし。伝来《でんらい》寺記に委《ゆだね》し。当寺十七世晴誉和尚《せいよおしょう》は中興の開基にして昼夜念佛《ねんぶつ》怠る事なし。其行《おこな》ひ衆人のしる（知）所也《なり》。雪中庵蓼太参謁《さんえつ》したりし時、

念佛の外に念なし秋のくれ

晴誉和尚の挨拶に、

遠くはないぞちかい極楽

（注）千葉県市川市本行徳《ほんぎょうとく》五番二十二号。徳願寺の創立年については、『葛飾誌略』は慶《けい》長《ちょう》五年（一六〇〇）創立、『葛飾誌略』の欄外注釈では慶長《けいちょう》十九年（一六一四）造営、『江戸名所図会』は慶長《けいちょう》十五年（一六一〇）開創としている。なお、『市川市史』第二巻では慶《けい》長《ちょう》五年（一六〇〇）開山としている。

（注）運慶。うんけい。鎌倉初期の彫刻家。定朝《じょうちょう》の玄孫《げんそん》康慶の子。写実的で力強い様式を

つくり上げ、その系統は鎌倉時代の彫刻界を支配した。代表作は興福寺北円堂の諸仏や快慶と合作した東大寺南大門の仁王像など。（〜一二二三）。

（注）遠くはないぞちかい極楽とは、悟りの境地と思われる。

（注）『葛飾記』より関連個所を記す。

閻魔王《えんまおう》

本行徳寺町《ほんぎょうとくてらまち》徳願寺の地中に安置し奉る、運慶の作、座像《ざぞう》八尺也、毎年、正月、七月十六日、夥敷参詣有《おびただしきさんけいあり》、尤《もっとも》説法あり、

（注）『葛飾誌略』より関連個所を記す。

一、徳願寺。海巌山《かいがんざん》といふ。浄土武州鴻巣勝願寺末《じょうどぶしゅうこうのすしょうがんじまつ》。開基勝願寺中興不残上人《ふざんしょうにん》。御朱印拾石。慶長《けいちょう》五年（一六〇〇）創立。昔は普光院《ふこういん》とて草庵なりしとぞ。

一、阿弥陀如来《あみだにょらい》。本尊也。運慶作。鎌倉右大将頼朝公簾中《れんちゅう》尼《に》将軍の宥経仏《ゆうきょうぶつ》也。上様より忠残上人《ちゅうざんしょうにん》へ被《くだし》二下置《おかれ》一し也。

（中略）

一、閻魔堂。像、運慶作。善光寺如来、則《すなわち》善光寺四十八如来の其の一なり。寛正《かんしょう》九丁《ひのと》巳年《みのとし》（寛政《かんせい》九年か、一七九七）、増上寺崩誉《ほうよ》大僧正より御寄附也。鐘楼堂《しょうろうどう》あり。楼門額、海巌山。大僧正雲臥《うんが》筆。行徳観世音第一番目安置。此札所初めて元禄《げんろく》三庚午年《かのえうまのとし》（一六九〇）、当寺十世覚誉上人《かくよしょうにん》三十三体の尊像を刻みて、諸寺へ納められしと也。凡《およそ》

百二十年に及ぶ。

（注）『江戸名所図会』より関連個所を記す。

海巌山《かいがんざん》徳願寺　本行徳《もとぎょうとく》の駅中《えきちゅう》一丁目の横小路《よここうじ》、船橋間道《ふなばしかんどう》の左側にあり。浄土宗にして、鴻巣《こうのす》の勝願寺《しょうがんじ》に属す。当寺《とうじ》往古《いにしえ》は普光庵《ふこうあん》といへる草庵なりしが、慶長《けいちょう》十五年（一六一〇）庚戌《かのえいぬ》、開山聰蓮社圓誉不残上人《そうれんしゃえんよふざんしょうにん》、寺院を開創して、阿弥陀如来《あみだにょらい》の像を本尊とす。丈《みたけ》三尺二寸あり。仏工《ぶっく》運慶の作なり。往古《そのかみ》鎌倉二位《にい》の禅尼政子《ぜんにまさこ》の命により是を造る。遙《はるか》の後《のち》、天正《てんしょう》十八年（一五九〇）に至り、一品大夫人崇源院殿《いっぽんだいふじんそうげんいんでん》（注：徳川秀忠の妻お江の方、家光の母）鎌倉より移し給ひ、御持念《ごじねん》ありしが、後《のち》大超上人に賜り、又当寺第二世正蓮社行誉忠残和尚《しょうれんしゃぎょうよちゅうざんおしょう》、当寺に安置なし奉《たてまつ》るとなり。十七世晴誉上人《せいよしょうにん》、殊《こと》に道光《どうこう》普《あまね》く四方《よも》に溢れ、信心の徒《ともがら》多かりしとなり。境内閻王《えんおう》の像は運慶の彫造《ちょうぞう》なり。座像にして八尺あり。毎年正月・七月の十六日には、参詣群集す。当寺十月は十夜法会《じゅうやほうえ》にて、最《もっとも》賑《にぎは》し。山門額『海巌山《かいがんざん》』の三大字《だいじ》は、縁山《えんざん》前《さきの》大僧正雲臥上人《だいそうじょううんがしょうにん》の真蹟《しんせき》なり。

（注）『遊歴雑記初編1』より関連個所を記す。

弐拾九　下総行徳の風土

一　下総国《しもふさのくに》葛飾郡《かつしかごおり》行徳《ぎやうとく》の駅（千葉県市川市行徳）は、東西の往還長流にそひて、直き事今井の渡しを越《こし》てより東の方凡《かたおよそ》壱里余あるべし、しかれども家居建《かきょたて》つゞきて賑か成《なる》は、舟場《ふなば》近辺三四町に過《すぐ》べからず、彼《かの》世上にもてはやす笹屋の干温飩《ほしうどん》は舟場の突《つき》あたり南側にして、店尤《もっとも》広く、笹屋仁兵衛の名は高けれども、風味麁悪《そあく》にて、東武《とうぶ》にていえる馬《ムマ》士《カタ》そばやに似たり、依《よっ》て食する人より、土産《みやげ》に干温飩を買族《かうやから》のみぞ多し、

此処《このところ》より東へ弐三町《ちょう》の間に、蒟蒻《コンニャク》をひさぐ家儘《まま》多し、是《これ》を中山こんにやくと呼《よび》て、平《たいら》き竹の目籠《めかご》に杉の青葉を貝敷《カイシキ》にして売れり、此品《このしな》法花経寺《ほけきょうじ》の門前近処《きんじょ》にこそあるべきに、左《さ》はなくして壱里半もへだゝりし此行徳の市中にひさぐは、いかなる故にや、その形《かた》ち丸く色尤黒し、風味も名程《ほど》にあらず、凡蒟蒻《こんにゃく》に於ては晒《サラシ》にして色白く、上品なるは佐倉の産を第一とすべし、

一　此行徳の川すじは、釣《つり》するによしとて、網・釣道具の類《たぐい》を旅店に預け置て、東武より繁々逍遥《しげしげしょうよう》しなぐさむ人あり、爰《ここ》に大坂屋又八といえる旅籠《はたご》屋ありて、彼《かの》釣に来る人の道具を若干《そこばく》預り置て、弁当など世話しけり、又二月の末より当処《とうしょ》の海浜に逍遊《しょうゆう》して、蜊《アサリ》・蛤《ハマグリ》を拾ひてなぐさむ人あり、余処《よそ》よりは格段大きければ也、

予《よ》、文化《ぶんか》十癸酉年《みずのとのとりのとし》二月廿七日成田不動へ独行《どっこう》し、一両日佐原に逍遊して三月二日彼《かの》又八方《かた》へ旅泊《りょはく》しけるが、又八が案内によりて翌三日海上の干潟に遊び、大蛤《おおはまぐり》三十七八を拾ひ、重くして漸《ようやく》に又八方へ持参し、舛《ます》にて量《はか》り見れば、拾壱づゝにして山盛《やまもり》壱舛《しょう》ありけり、去《さんぬ》る寛政《かんせい》九丁己年《ひのとみのとし》上京の序《ツイデ》、三河《みかわ》の国吉良庄《きらのしょう》吉田村に留錫《りゅうしゃく》せし時、両三度浜見物に罷《まか》りて、海浜にあそびし儘《まま》なれば、最《もっとも》めづらしくぞ慰みぬ、

一　当宿は一町《ちょう》々々に銭湯《せんとう》あり、その家居《かきょ》多くは川端にして、逆《げき》（激）流を堰入《セキイレ》たれ

ば、湯水甚《はなはだ》潤沢《じゅんたく》に尤《もっとも》清し、東武の銭湯より抜群増りて、五銭を以《もっ》て浴《よく》す、但し男女打混《うちま》じて入湯せり、又、是より東北の街道壱里余にして、やはたの駅に至り、又右へ曲り、波除《なみよけ》堤を東へさして舟橋（船橋）の駅にいたる、爰《ここ》より弐里といえり、

又、路傍の東側に徳願寺［浄土］といふあり、門外に過し文化《ぶんか》初年八月十九日深川八幡《ふかがわはちまん》祭礼の節、永代橋崩れ落て、溺死《できし》せしもの、為に、見上るばかりの石碑を建《たて》たり、此寺境内狭く、大地にはあらねど、楼門《ろうもん》等ありて、見込際《みこみぎわ》だちて見ゆ、十夜《じゅうや》の砌《みぎり》は門前市をなし、東武よりも群参し、通夜等ありて、鎌倉光明寺に継《つぐ》繁昌となん、予、その時節に行合せざれば、しるさず、抑《そもそも》、此地都会の場処《ばしょ》ながら雅人《がじん》少なく、誹諧《はいかい》をたのしむもの八九人もあらん歟《か》、其余《そのよ》は活花《いけばな》・碁・将棊《しょうぎ》のみ、只上下《かみしも》ともに御法度《ごはっと》をしりつゝ流行するは、博奕《ばくち》のみぞ多かりけり（ママ）、

一　是より先々《さきざき》街道筋馬のみ多くして、更に竹輿《かご》なし、適《タマタマ》に才覚して駕籠《かご》に乗る事あれば、舁人《かきて》不功者なれば支躰《したい》を動かし、久しく乗れば頭痛を生じ、歩行には甚《はなはだ》劣れり、是より汐除堤《しおよけづつみ》壱里半の路《みち》すがら、左《ひだ》りは程よく平山・耕地・村邑《むらむら》・茂琳等の天然なるをながめ、右は海浜の風色遙《はるか》に房総の遠山を眺望《ちょうぼう》す、その景色いふべき様もあらず、又ところどころの路傍《ろぼう》には、塩竈《しほがま》いくつとなく四阿屋《アヅマヤ》に作りて、男女の汐汲荷《しほくみにな》へる風情おもしろく、世上に行徳塩といふ是也、或は老し者、幼《イトケナキ》ものは、蜊《あさり》・蛤《はまぐり》の類《たぐい》を拾ひ、又若き族《やから》は海草を苅《かり》、藻を荷《にな》ふ海浜のいとなみもめづらしく、総《すべ》て遠近《おちこち》の風色一品と賞すべき

おや、
（注）『千葉県東葛飾郡誌（二）』より関連個所を記す。
徳願寺の菖蒲《しょうぶ》、境内に百余種三千株を栽培す、紫花、白葩《しろばな》、露もたわわに嬋娟《せんけん》として鑑賞の客を待つ、毎年六月十五日は菖蒲開きとて、寺院及び土地の有志の催《もよおし》に係る生花、詩歌、俳諧の会も開かれ又寺宝の陳列もありて雅俗《がぞく》行列の雑閙《ざっとう》を極《きわ》む。
（注）菖蒲池は『江戸名所図会』所収「行徳徳願寺」の図に本殿へ向かう直線の参道両側に分れて画かれており、左の池は内匠堀に隣接し、右の池は中央に二つの島があり樹木が二本描かれている。菖蒲池は現在駐車場と徳願寺会館になっている。かつての池には鯉がたくさんいて昭和二〇年代〈一九四五～五五〉の子どもたちは鯉を盗んだりして遊んでいた。

▲法然《ほうねん》上人《しょうにん》真跡《しんせき》御影《みえい》

在高谷《（こうや）》村了国《（ママ）》寺

日本廻国の笈佛《おいぼとけ》として鏡の御影《みえい》を賜わる

法然上人《ほうねんしょうにん》に随身《ずいしん》したる阿波之助《あわのすけ》と云者《いうもの》、日本廻国《かいこく》の笈佛《おいぼとけ》として上人より画像を玉《たま》はり、諸国修行して当国当村にいたり農人新兵衛と云《いう》もの、家に一宿なし、病発《やまいおこ》りて四五日杖《つえ》をとゞめ、それより新兵衛をともなひ奥羽《おうう》のかたへ修行して阿波之助、終《つい》に奥州光堂にて命終《いのちつい》なす。新兵衛かの笈佛《おいぼとけ》を古郷に持帰り所以《ゆへ》ありて当寺に安置しけるとなん。上人自《みずか》（ら）御姿見《おすがたみ》に向はせ御姿を写させし画像なるゆへ世に鏡《かがみ》の御影《みえい》と云《いう》。新兵衛の子孫今猶《いまなお》のこりて当寺の旦那たり。終始は寺記・縁起等に詳《つまびらか》也。

（注）浄土宗海中山了極寺《りょうごくじ》。千葉県市川市高谷《こうや》二丁目一六番四号。

（注）法然上人。ほうねんしょうにん。浄土宗の開祖。諱《いみな》は源空。美作《みまさか》（今の岡山県の北部）の人。父の遺言で出家。比叡山《ひえいざん》に入り、皇円・叡空に師事。四十三歳の時専修念佛《せんしゅうねんぶつ》に帰し、東山吉水《よしみず》で浄土法門を説く。貴賤《きせん》の帰依者《きえしゃ》の増加に伴い、旧仏教の圧迫を受け讃岐《さぬき》（今の香川県）に流されたが、許されて四年後に帰洛《きらく》。諡号《しごう》は円光大師など。一一三三―一二一二。

（注）奥羽。おうう。陸奥《むつ》と出羽《でわ》。福島・宮城・岩手・青森・秋田・山形の六県の総称。現在は一般に東北地方と呼ぶ。

（注）『葛飾記』より関連個所を記す。

鏡《かがみ》の御影《みえい》錦《にしき》の御影共云《ともいう》絵、絹錦《きぬにしき》也

行徳領《ぎょうとくりょう》の内、高谷《こうや》村了極寺《りょうごくじ》に安置し奉る、法然上人御自画《ほうねんしょうにんおんじが》、鏡を以《もっ》て自己を御覧《ごらん》じ、自ら御画《おかき》なし給《たま》ふ像也《ぞうなり》、此寺に、大僧正祐天大和尚《ゆうてんだいおしょう》の御《おん》自筆の回向《えこう》の塔婆《とうばあ》有り、尤《もっと》も此寺にて御書《おかき》なされたるよし、

（注）『葛飾誌略』より関連個所を記す。

一、了極寺《りょうごくじ》。海中山といふ。浄土船橋浄勝寺《じょうしょうじ》末。開基登誉和尚《とうよおしょう》。元禄《げんろく》四（一六九一）辛未年《かのとひつじのとし》建立《こんりゅう》。本尊圓光大師鏡《えんこうだいしかがみ》の御影《みえい》といふ。則《すなわち》大師直筆《じきひつ》。札所観世音十一番目安置。此尊影当寺《とうじ》に有る事は、昔、大師無実の難にして、暫《しばら》く讃州《さんしゅう》へ遠流《おんる》の時、御給仕《ごきゅうじ》申上げたる念仏阿波之助《ねんぶつあわのすけ》佐見阿波之助是也。連珠数《れんずじゅ》工夫の人也。二別れを悲傷《ひしょう》す。故に大師御身《おんみ》を鏡に写し畫《か》き給ひ、阿波之助に授与《じゅよ》し給ふ也。阿波之助仏法に志し、東路《あずまじ》に下《くだ》りし時、当村（高谷村のこと）磯貝新兵衛方《かた》に止宿《ししゅく》す。新兵衛同道にて諸国に赴《おもむ》く。みちのくにて阿波之助病気付き卒《そっ》す。新兵衛尊影を負《お》ひ守りて故郷に帰り、我家に納めて数代信仰有り。然《しか》るに、二百年以前（『葛飾誌略』刊行の一八一〇年より二〇〇年前ということ、だが創建年代が合わない）此寺建立の砌《みぎり》、納めて本尊とす。此尊像有る故にや、当村津浪《つなみ》の難《なん》もなく（実際は大津波の災難あり）、又、疫病《えきびょう》の愁《うれい》などなしと也。御厨子《おんずし》、三十年以前増上寺大僧正御寄附《ごきふ》也。其節《そのせつ》、尊像を上様迎へて御拝被レ遊《あそばされ》し也。大切に可レ致旨《いたすべきむね》、厳命有りし也。

一、大塔婆。祐天僧正真筆。瘧《ぎゃく》其外病気御符《ごふ》に諸人《もろびと》削りて戴く。

一、堀井。水清冷也。当村にあり。いま行徳領所々《しょしょ》に井を堀ると雖《いえど》も、此堀井、此辺《あたり》にて井の始《はじめ》也とぞ。此村は古き所也。既に元祖大師影向《ようごう》より是迄凡《およそ》六百年に及ぶ。又、磯貝新兵衛の家も六百年来永続する事珍しき也。

（注）『江戸名所図会』より関連個所を記す。
圓光大師《えんこうだいし》鏡《かがみの》御影《みえい》　行徳の東の海浜、高谷村《たかやむら》浄土宗了極寺《りょうごくじ》に安《やすん》ず。圓光大師鏡を照して自己の姿をうつし、畫《ゑが》き給《たま》ふ御影《みえい》なりといへり。土俗錦《どぞくにしき》の御影とも称せり。当寺《とうじ》に大僧正祐天和尚《ゆうてんおしょう》真筆の塔婆《とうば》あり。奇特《きどく》ありとて諸人渇仰《しょにんかつごう》す。

▲狩野家六地蔵

在欠真間村源心寺《かけままむらげんしんじ》

伊豆狩野庄《いずかのうのしょう》より土石を運び六地蔵を建立

狩野家《かのうけ》は小田原北條家《ほうじょうけ》の旗下《きか》にて豆州狩野《ずしゅうかのう》の庄の砦《とりで》の主将たりしが城破れて後、二君に仕《つか》（ふ）る事思はず、葛飾《かつしか》の浦行徳欠真間村《ぎょうとくかけままむら》に来住して范蠡《（はんれい）》が富をなし新《あらた》に田畑《でんぱた》を開き土人に耕作をすゝめ、又北條家の亡霊かつは狩野家祖先の追福《ついぶく》のためにや、旧領の地狩野の庄より土石を運ばせ石の六地蔵幷《ならびに》廟堂一宇《びょうどういちう》を造営なす。いらかを磨き梁《はり》に丹朱《たんしゅ》を彩《いろど》り七宝を鏤《ちりば》め壮麗なる事云《いう》ばかりなし。里人是を御影堂《みえいどう》と云《いう》。愚老《ぐろう》（行徳金堤のこと）若年の頃よりよく見おきたりしが廿年も前、破却して今は狩野家も衰微《すいび》し苗裔《びょうえい》かすかに残りてたゞ石の六地蔵のみ歴然《れきぜん》たり。御影堂の天井に画工狩野某の筆なりとて花鳥《かちょう》を画《えが》き、中の一間《ひとま》は九龍也。又御影堂に並びて不動堂有《あり》て御手洗《みたらし》の古池は夏月の事なるに俄《にわか》に黒雲掩《おほ》ひ雷鳴風雨しきりに吹降《ふきをち》て、御手洗溢《みたらしあふ》れ龍《りゅう》水《みず》を渦《まき》あげたり。農人是を見て鎌を投《なげ》つけたりしかば龍の尾にあたりたるよし。雲雨《うんう》おさまりて御影堂を見るに、九龍の一間抜出《ひとまぬけいで》て其行方《そのゆくえ》をしらず。是より後は近里に龍水をあぐるを見ては御影堂の尾切龍《しりきれたつ》とよべり。愚評曰《ぐひょういわく》、龍は四靈のうち、ことに霊なるものにて人の眼に見へ手にあたるべき物にあらず。古画の馬、夜よく草をはみ木に彫みたる龍水を呑（む）などの俗話あれども、愚老眼前見ざる事故《(ゆゑ)》不レ信《しんぜず》（科学的実証的見解と思われる）。古人も龍雷同物の論あれば、龍は天地陰陽の一気とおもはる。又、天地の中、理外の事もあれば強而《(しいて)》も云《いい》がたし。

『易』上六曰、龍戦于野　文言陰疑二於陽一必戦為ナリ三其嫌二於无レ陽ヲ一也　故ニ称レ龍ト焉　又龍説曰、能幽能明能細能巨能短能長春分而登天秋分而潜淵

『小田原軍記』・『関八州軍記』等を考るに狩野家は豆州の所産、武州《ぶしゅう》八王子の城主北條陸奥守《ほうじょうむつのかみ》氏照《うじてる》の長臣にて狩野主膳正《かのうしゅぜんのしょう》と名乗り、豆州狩野の庄を領し一方の武主たりしが老後に入道して一庵《いちあん》と号し子息主膳正《しゅぜんのしょう》に家督《かとく》を譲り小田原陣の時、北條氏照は小田原城に籠《こも》り、一庵は八王子の城を守（る）。加州北越《かしゅうほくえつ》の大軍、是を攻《せめ》、一庵終《つい》に節に死す。小田原落城の後、御入国の節（徳川家康が江戸入府の節のこと）、息男狩野主膳正召出《めしだ》されたるよし。行徳に来住したるは新右衛門尉《じょう》と云伝《いいつた》ふ。二男か三男か未詳《いまだつまびらかならず》。

（注）浄土宗西光山源心寺。千葉県市川市香取《かんどり》一丁目十六番二十六号。
（注）豆州。ずしゅう。伊豆の国。旧国名。今の静岡県の東部および東京都伊豆諸島。

（注）范蠡。はんれい。春秋時代の越王勾践《こうせん》の功臣。越王を助けて王の座に就《つ》けたが、実力があったため勾践に疎《うと》まれて除かれるのを恐れて野《や》に下り、巨万の富を得た。このことから武士を捨て野に下り富を手にすることを范蠡が富をなすという。

（注）里人是を御影堂《みえいどう》と云《いう》。愚老《ぐろう》（行徳金堤のこと）若年の頃よりよく見おきたりしが廿年も前、破却して今は狩野家も衰微し苗裔《びょうえい》かすかに残りてたゞ石の六地蔵のみ歴然たり、の記述について。

源心寺を建立し、六地蔵と御影堂を作り、さらに内匠堀開削《たくみぼりかいさく》の資金提供者となった狩野氏については『葛飾誌略』に記載があるが、『勝鹿図志手くりふね』に貴重な記述がある。ここで筆者の注目すべきは、狩野氏がいつの時代まで欠真間《かけまま》の地で有力者としてあるいは旦那（檀那とも）として振舞っていたかということである。その事を直接的に記した地誌あるいは史料は見えないので筆者の推論を述べる。

狩野氏は慶長《けいちょう》十六年（一六一一）浄土宗源心寺を建立、同時に本国の伊豆から石を取り寄せ六地蔵を立て、御影堂を建立した。元和《げんな》六年（一六二〇）田中内匠《たなかたくみ》とともに公《おおやけ》へ訴訟し内匠堀開削の免許を得てこれを開く。文化《ぶんか》七年（一八一〇）『葛飾誌略』が刊行され、著者は文中の「狩野氏影堂」の項中で「当寺大檀那源正院心誉浄天居士《しんよじょうてんこじ》、其外一族の影有り。今はなしと雖《いえど》も、其有《そのあ》りし時を記す。予《よ》（『葛飾誌略』の著者）幼年の頃是《これ》を見しに皆玉眼入《ぎょくがんい》りて彫刻するが如し」とある。残念ながら『葛飾誌略』の著者の生没年が不明なのでこの部分の記述では「予幼年の頃」がいつの頃なのか推測しづらい。一方、同書の「香取《かとり》社《しゃ》」（かんどりのやしろとも）の項中に「当社祭礼は九月十一日也。家臺《やだい》四番（欠真間《かけまま》・香《かん》取《どり》・湊新田《みなとしんでん》・湊村《みなとむら》、これを四ケ村《しかそん》という）出《い》づ。三十六年前、安永《あんえい》二（一七七三）癸巳《みずのとみ》年花麗《かれい》の事有りし也。其後《そののち》は神輿《しんよ》のみ渡りて本祭《ほんさい》なし（家臺を出す祭が本祭だと分かる）。御膳《ごぜん》、古《いにしえ》は狩野家にて奉献《ほうけん》せし也。中頃、四ケ村へ譲りし也。」とある。幼年というと五～六歳頃と思うが安永二年（一七七三）よりもかなり以前の事であろう。狩野家の資力も衰えて香取神社《かんどりじんじゃ》の祭礼の節《せつ》の飲食物や直会《なおらい》の御膳の提供もできず、四ケ村へそれを頼んだに違いない。

『勝鹿図志手くりふね』の著者行徳金堤は「狩野家六地蔵」の項でそのことに触れている。金堤については生年は宝暦《ほうれき》十三年（一七六三）頃と推定できる。『勝鹿図志手くりふね』は文化《ぶんか》十年（一八一三）刊行で金堤五〇歳の年である。このときに、文中で「愚老《ぐろう》（行徳金堤のこと）若年の頃よりよく見おきたりしが廿年も前、破却して……」と記述、若年というとおよそ二〇歳前後の青年のことであるから、若年の頃には御影堂は立派に存在したのであろう。ところが文化十年（一八一三）よりも二十年前に破却した（金堤三〇歳のとき）とする。ということは西暦一七九三年頃であり、それは寛政《かんせい》五年頃である。金堤二〇歳のときから三〇歳のときまでの一〇年間の間に御影堂の荒廃は更に進んだが、それを修復維持するための資金が狩野家にはすでに無かったのであろう。寛政五年（一七九三）頃に破却されたが、その二〇年前の安永二年（一七七三）頃迄にはいつのころかはっきりわからないが（『葛飾誌略』には中頃としか記述していないため）四ケ村（欠真間・香取・湊新田・湊村）へ御膳の奉献を譲ったのだという。

『勝鹿図志手くりふね』は文化十年（一八一三）刊行で金堤五〇歳の年だが、この頃にはすでに「今は狩野家も衰微し苗裔《びょうえい》かすかに残りてたゞ石の六地蔵のみ歴然たり」の状況であった。

狩野家の盛衰は、慶長《けいちょう》十六年（一六一二）浄土宗源心寺建立の頃が最盛期であり、内匠堀の開削工事の資金提供で家財を費消したのであろう。最盛期から一八〇年後に御影堂は破却されている。

しかしながら、狩野家の功績は『葛飾誌略』に「一名浄天堀。（中略）今に至り、其人々の大功を賞し、川の名に呼びて永代《えいだい》朽《く》ちず」と称《たた》えている。

（注）本文の記述は他の地誌に比して詳細を極める。行徳金堤の見聞に基づく記述がよい。『葛飾記』『江戸名所図会』『成田参詣記』等には記載がない。『葛飾誌略』の関連個所を次に記す。

（注）『葛飾誌略』より関連個所を記す。

一、源心寺。西光山といふ。御朱印《ごしゅいん》六石。浄土芝末。開基増上寺中興開山源誉上人観智国《かんちこく》師《し》。大檀那狩野新右衛門尉《じょう》。慶長《けいちょう》十六年辛亥《かのとい》（一六一二）建立。

（中略）

一、不動堂（源心寺のお不動さま、いぼとり不動ともいう）。石体尊像、高野大師《こうやだいし》の作といふ。昔は大門石橋の傍《かたわら》に濡仏《ぬれぼとけ》にて在《ざい》す。五十五六年以前（宝暦《ほうれき》五年、一七五五年）、今の堂建立也。霊験掲焉《けつえん》にして常に詣人《もうでびと》多し。

（中略）

一、六地蔵。本堂に向ふ。石体総高一丈《じょう》三四尺《しゃく》（約四メートル）、狩野氏本国豆州（伊豆）より積み下したりと。云々《うんぬん》。

一、狩野氏影堂。当寺（源心寺）大檀那源正院心誉浄天居士、其外一族の影有《えいあ》り。今はなしと雖も、其有りし時を記す。予《よ》幼年の頃是を見しに、皆玉眼入りて彫刻するが如し。堂は室形造りにて美麗也。四方の長押《なげし》には三十六歌仙を畫《か》き、格天井に真中蟠龍《まんなかばんりゅう》有り。其四面天人《てんにん》の畫《え》也。狩野友信畫也とぞ。其頃不審なることは、此近辺に時々龍が降るといふ事有りて、大風吹き立て、災《わざわい》度々あり。諸人《もろびと》又源心寺の龍が出でたりと云ひ合へり。此蟠龍《ばんりゅう》破れてより、此辺《このあたり》に左様《さよう》の災なし。奇なる事也。友信は龍の畫《え》に妙を得たり。公命にて龍を畫《か》き、朝鮮国へ送られしといへり。凡天井に蟠龍を畫く事は、洛《らく》東《とう》東福寺の兆殿司より始むといふ。又、今天人の図は往古女官の姿也。領巾裾帯《れいきんきょたい》とを肩の方に綃を強張《こわば》りにして掛け、腰にも帯を引き下げたり。源氏・枕草子などに有り。

▲吉田佐太郎陣屋跡

在同村（欠真間村のこと）

石櫃《いしびつ》出土、鏡・太刀が入っていた

今は親縁山了善寺《しんえんざんりょうぜんじ》と云門徒宗《いうもんとしゅう》の寺となる。此寺児童のうちは吉田を名乗る。又、三十年も以前、境内に井を鑿《うが》ちたりしに石櫃土中に有《あり》。鏡・太刀《たち》蔵《（おさ）》め置《おき》たり。殊《こと》に鏡は明鏡たるよし。什宝《じゅうほう》となす。鏡裏《かがみうら》に文字あれども分明ならず。吉田家は小田原の旗下なりしと里人云伝るといへども都《（すべて）》而軍記等に見へず。後人猶考《なおかんがう》べし。寺より西の田畠《でんぱた》を城山《じょうやま》と云《いう》。愚老（著者行徳金堤）が住所に隣れり。

（注）千葉県市川市相之川二丁目十二番二十八号。浄土真宗親縁山了善寺。

（注）慈縁和尚《じえんおしょう》について。

①鎌倉公方足利持氏《かまくらくぼうあしかがもちうじ》の武将吉田佐太郎か。

持氏は家臣の関東管領《かんとうかんれい》上杉憲実により殺された。吉田佐太郎は下剋上《げこくじょう》の世の無常を感じて出家した（『南行徳村史』）。

②下総国鎌田《かまだ》（現在の江戸川区）の庄《しょう》吉田源五左衛門の八代の孫《そん》吉田佐太郎か。

親鸞聖人《しんらんしょうにん》関東布教（一二二六、五二歳）の際に源五左衛門宅へ足を留めた。了善寺は応《おう》仁《にん》二年（一四六八）建立。よって親鸞聖人が了善寺へ立ち寄ったとする説は再考の余地あり。時代錯誤か。

（注）三十年も以前、境内に井を鑿《うが》ちたりしに石櫃土中に有。鏡・太刀蔵《おさ》め置たり、の記述について。

三十年も以前というのは、『勝鹿図志手くりふね』刊行が文化《ぶんか》十年（一八一三）だから、天明《てんめい》三年（一七八三）頃になる。金堤二〇歳の時であり、この年は浅間山の大噴火があり、行徳でも灰が降り、江戸川にたくさんの人や馬の死骸が流れてきた年である。なお、什宝とされた鏡や太刀は現存しない。

（注）寺より西の田畑を城山《じょうやま》と云。愚老（著者行徳金堤）が住所に隣れり、の記載について。

了善寺の西は昭和の時代（昭和四〇年代、一九六五〜七五）は一面の水田だった。現在は住宅地に変貌したが、かつての今井の渡し付近に今井橋が架かり、行徳塩浜に向って巾三〇メートルの産業道路が縦断している。産業道路の西側に城山とかつて古老から呼ばれていたやや小高い畑地があった。城山は潮の干満にも水没せず島の様だったといい伝える。また、江戸川が氾濫したときに東京湾へ洪水が流れる水路の役割をしたのは産業道路東側と了善寺の間の土地だったと推測できる。江戸時代になってこの辺は最も早く塩田開発され塩浜新田と字名《あざな》される塩田地帯であり、城山はその後背地に存した。史料はないが、城山は揚浜式塩田の後背地に作られた中世の頃の耕地囲堤の一部だった可能性がある。昭和四〇年代後半まで（土地区画整理終了まで）、城山から北西に向って現在の行徳街道方向へ高低を繰り返しながら小高い土地は続き、行徳街道の南東側は小高い畑地だった。左は浦安、右は相之川に続く行徳街道の反対側、つまり北西側に行徳金堤（新井村名主鈴木清兵衛）宅があったが今は存しない。筆者の旧宅は金堤宅からおよそ一〇〇メートルの場所にあった。

（注）『葛飾誌略』より関連個所を記す。

一、了善寺。親縁山といふ。一向宗西末《いっこうしゅうにしまつ》（浄土真宗西本願寺派）。麻布宗福寺末。開基慈縁和尚。応仁《おうにん》二 戊子年《つちのえねのとし》（一四六八）建立。凡三百四十二年に及ぶ。御除地《おんじょち》四反三畝十二歩（約千三百二坪）。当寺は、昔、吉田佐太郎といふ士《さむらい》の陣屋也といふ。然《しか》れども、吉田といふ士は何れの軍臣に候《そうろう》や、未《いま》だ是を詳《つまびらか》にせず。札所観世音二十六番安置。

（注）『葛飾誌略』の著者や行徳金堤が地誌を刊行した文化の時代（一八〇四～一四）にも吉田佐太郎という人物についての詳細は不明だったと知れる。

▲塩浜

行徳の塩はかつて小田原北条氏へ送られていた

葛飾の浦行徳の塩浜は竪《たて》三里余有《よあり》。いつの比《ころ》開発せしか詳《つまびらか》ならず。鎌倉北條家へ塩貢納《こうのう》せし手形所持せし村長《むらおさ》今に存せり。行徳にて汐垂《しおた》るを泣《なく》といひ、延喜式伊勢斎宮内外の忌詞《いみことば》外七言の内、哭《なく》を汐垂ると云《いう》。又塩たれたる砂を籠《かご》よりうつふせに打《うち》あけたるを塩尻《しおじり》と云《いい》て不二山《ふじのやま》に似たり。『いせ物語』に不二《ふじ》のかたちを塩尻と云《いう》。いさゝか口伝有《くでんあり》。後《のち》、行徳も小田原の領地となり北條家と（が《カ》）甲州へ塩を送る事を制禁したるは行徳の塩なりと言伝ふ。

（注）現在の千葉県市川市塩浜一～四丁目、千鳥町《ちどりちょう》、高浜町、本行徳東浜地域は江戸時代に東京湾の海底であり、その後背地である南行徳四丁目、福栄四丁目、新浜一～二丁目、日の出、入船、幸、塩焼四～五丁目地域の一部が本文中の「葛飾の浦行徳の塩浜」と記述されるものである。

（注）『行徳歴史街道5』所収「泥の城と石の城」項中「塩尻とは塩焼の前工程が終了したときの姿を言う」より。

鹹水《かんすい》を採取したあとの笊の上の砂は塩田面にうつぶせにあけられる。これはちょうど富士山のような形になるのだが、この形になった砂のことを「塩尻《しおじり》」という。最終工程の塩焼にとりかかるための前工程のすべてが終了した姿が「塩尻」という言葉で表現されている。平安時代の都人《みやこびと》に東国の富士山の姿を説明するのに「塩尻のようになんありける」と『伊勢物語』の東下《あずまくだ》りの段にあるほどである。その「塩尻」とは鹹水を採った後の笊の砂をうつぶせにして塩田面にあけた時の姿を言ったものだから、平安時代の都人は塩焼のことはよく知っていたのである。

（注）新潮日本古典集成（第二回）『伊勢物語』所収「東下り九段」より抜粋。

（前略）
富士の山を見れば、五月《さつき》のつごもり《月末だというに》に、雪いとしろう降れり《降り積っている。》。

時しらぬ山は富士の嶺《ね》いつとかて
鹿《か》の子《こ》まだらに雪の降るらむ

その山は、ここにたとへば《京都を例にとると》、比叡《ひえ》の山を二十《はたち》ばかり《ほど》重ねあげたらむほど《積み重ねでもしたほどの高さで》にして、なりは《形は》しほじり《筆者注、塩尻》のやうになむありける。（後略）

（注）『葛飾記』より関連個所を記す。

三千町
本行徳下《ほんぎょうとくし》タ海面也、此所《このところ》字長《あざなが》じまと云《いう》、海岸出張《でばり》の所也、長島《ながじま》の先に尼ケ谷《あまがや》と云所有《いうところあり》、近来迄は磯馴松原《いそなれまつばら》也、南風高浪《みなみかぜたかなみ》にて皆欠《みなかけ》て、其《その》跡も松もなし、此辺《このあたり》より海神村下迄《かいじんむらしたまで》干潟《ひがた》大凡三千町《おおよそさんぜんちょう》と積りし故《ゆえ》、名とす、右は則《すなわち》、塩浜に取立《とりたて》、堤にて締切《しめきり》、かこひの願ひ、江戸横山町何某度々公儀《たびたびこうぎ》へ出て、三千町の内漸《ようや》く三十町程叶《ほどかな》ひ、只今《ただいま》塩浜と成《な》れり、然《しかれ》ども、最初の積りなれば迚《とて》、三千町と呼ぶ也、

(後略)

(注)『葛飾誌略』より関連個所を記す。

鹽　御領中産物さまざま多き中に、わけて鹽は第一の名産にて、海濱付共二十餘村は、大体鹽を焼いて以《もっ》て活計《かっけい》とする也。鹽は米穀《べいこく》と共に位し、貴賤《きせん》とも一日も欠いては、身命を全くする事ならず。昔、永禄《えいろく》十年(一五六七)十月の比《ころ》、甲州家《こうしゅうけ》と北条家《ほうじょうけ》と楯鉾《たてほこ》の時、小田原より甲州へ鹽留めをせられければ、流石《さすが》の名将も難儀《なんぎ》に及び、國中大きに苦しめりとぞ。(後略)

(中略)

一、鹽外。

(前略)

よく泣けばなくほど、十のもの九分は上州《じょうしゅう》辺へ上るといふ。此職《このしき》の言葉になくといふを吉事とする也。よく泣けばなくほど鹽も多々《たた》出来る也。大和詞《やまとことば》に泣涙の二字をしほたると訓ず。斯様《かよう》の言葉は田舎言葉にて、方言のやうに思へる人もあれど、古語にして片言《へんげん》にあらず。

（中略）

一、行徳鹽濱　高凡《およそ》二百町六反四畝七歩（約六十万千九百二十七坪）。但し西海神村は未レ詳《いまだつまびらかならず》。本行徳は母郷なれば行徳より書き出す筈なれども、村々順路読み継ぎ悪しきやうなれば、下より書き出して、国府台《こうのだい》辺にて終る也。

（中略）

一、三千町。加藤新田といふ。鹽濱反別二丁《ちょう》三反《たん》七畝《せ》三歩《ぶ》。一村持也。高《たか》三石《こく》九斗《と》五升《しょう》九合《ごう》。近藤兵右衛門殿御改《おあらため》也。明和《めいわ》五年（一七六八）戊子《つちのえね》。

（注）『江戸名所図会』より関連個所を記す。

鹽濱　同所（本行徳村）海濱十八箇村《かむら》に渉《わた》れりと云《い》ふ。風光幽趣《ゆうしゅ》あり。土人云《い》ふ、此鹽濱の権輿《けんよ》は最《もっとも》久《ひさ》しうして、其《その》始をしらずといへり。然《しか》るに天正《てんしょう》十八年（一五九〇）関東御入国の後《のち》、南総東金《なんそうとうがね》へ御遊猟《ごゆうりょう》の頃、此鹽濱を見そなはせられ、船橋御殿へ鹽焼の賤《しず》の男《を》を召し、製作の事を具《つぶさ》に聞《きこ》し召され、御感悦《ごかんえつ》のあまり、御金若干《おんかねそこばく》を賜《たまわ》り、猶末永《なおすえなが》く鹽竈《しおがま》の煙《けぶり》絶《た》えず営みて、天《あめ》が下《した》の宝とすべき旨鈞命《むねきんめい》ありしより以来《このかた》、寛永《かんえい》（一六二四～四三）の頃迄は、大樹東金御遊猟《だいじゅとうがねごゆうりょう》の砌《みぎり》は、御金抔賜《おんかねなどたまわ》り、其後風浪《ふうろう》の災《わざわい》ありし頃も、修理《しゅり》を加へたまはるといへり。［事跡合考《じせきがっこう》］に云《いわ》く、此地に鹽《しお》を焼く事は、凡一千有余年にあまれりと。又［同書］に、天正《てんしょう》十八年（一五九〇）御入国の後、日あらず此行徳の鹽濱への船路を開かせらる、由《よし》みゆ。今の小名木川《おなぎがわ》是なり。（後略）

▲利根川

江戸川の西を葛西、東を葛東という

『萬葉』には刀禰《とね》と書。水源常州文珠《もんじゅ》が嶽《たけ》より落る故に智恵利根《（ちえりこん）》の意にて利根川と名付たるよし。又太井川《ふと》（江戸川のこと）とも。『名所記』に書巻川《ふみまき》と下総の部に入たるは刀禰川《とねがわ》の事也。此川葛飾の中に落《おち》て川より西、葛飾を葛西《かさい》といへば川より東は葛東《（かとう）》と地名してよかるべし。

（注）文殊。もんじゅ。文殊（梵語のManjusriの音写「文殊師利」の略）文殊菩薩の略。文殊の智慧。すぐれてよい智慧。三人寄れば文殊の智慧。

（注）智恵利根《（ちえりこん）》。智慧。［仏］真理を明らかにし、悟りを開く働き。宗教的叡智《えいち》。六波羅蜜《ろくはらみつ》の第六。また、「慈悲」と対《つい》にして用いる。利根。りこん。かしこい性質。利口。利発。特に仏教で、宗教的素質・能力がすぐれていること。

（注）『葛飾記』より関連個所を記す。

利根川　附タリ夜逍遥《しょうよう》の事　幷《ならびに》桃花源《とうかげん》の事

上野国《こうずけのくに》利根川　刀禰川《とねがわ》とも云　の末成故云《すえなるゆえいう》、葛飾郡《かつしかごおり》に至《いたり》てはかつしかの川といふ、景物あそび柳鳰《にお》鳥《どり》、又、太《ふ》井川《ト》とも、文巻川《ふまきがわ》ともいふ、真間《まま》の岸下辺《きししたあたり》をからめき川と云《いう》、水底に岩有故《あるゆえ》　俗に坂東《ばんどう》

太郎《たろう》といふ、

（後略）

（注）『葛飾誌略』より関連個所を記す。

一、夕巻川。是《これ》も此川《この》（利根川《とねがわ》）の一名にて名所に出でたり。はい川。是も此川の一名也。或書に、葛飾郡《かつしかごおり》の中《うち》大河有り。西をば葛西《かさい》と云ふ。云々《うんぬん》。はい川とは大川故の名なるべし。此川筋は武蔵《むさし》・下総《しもうさ》の国境《くにざかい》と成《な》る。昔は隅田川境也。故に万治《まんじ》年中（一六五八〜六〇）に流せし大橋に両国橋の名あり。利根川は日本三大河の其一つ也。和漢名《わかんめい》数増補曰《すうぞうほいわく》、坂東太郎、刀禰《とね》。四国次郎、吉野川。筑紫三郎《つくしさぶろう》、筑後川《ちくごがわ》。是刀禰川《とねがわ》は日本一の大川也。此川上は百里《り》に及び、筑波根の男女の川も、源は上州千珠ヶ嶽より落ちる故に、智恵利根《ちえりこん》の意を以て利根川といふと也。赤城山の麓を経て、此国に到る。武州通りの辺にては上野国境也。但し利根は郡名也。万葉集幷《ならび》に三才図会《さんさいずえ》等には刀禰といふ。

（後略）

（注）『江戸名所図会』より関連個所を記す。

新利根川　［万葉集］刀禰《とね》に作り、活字板［源平盛衰記《げんぺいせいすいき》］利根に作れり。旧名《きゅうみょう》を太井河《ふとゐがわ》といふ。此号《このごう》（太井河のこと）［更級日記《さらしなにっき》］および［東鑑《あずまかがみ》］等《とう》の書に見えたり。又清輔《きよすけ》［奥義抄《おうぎしょう》］に云《いわ》く、下総国《しもうさのくに》かつしかの郡《こおり》の中《うち》に大河あり。ふと井《ゐ》といふ。河の東をば葛東《かとう》の郡《こおり》といひ、河の西をば葛西《かさい》の郡といふとあり。證とすべし。私《わたくし》に云ふ、此河より西は葛西と称して、今武蔵国に属す。又［北条五代記］国府臺合戦《こふのだいかっせん》の条下には、からめき川といふよし見えたり。世俗《せぞく》坂東太郎と称し、或は文巻川《ふみまきがわ》、又かつしかの河とも唱へたり。行徳を流る、故に行徳川とも号《なづ》く。水源《みなもと》は上野国《かみつけのくに》利根《とね》郡文殊嶽《ごおりもんじゅがたけ》の幽谷《ゆうこく》より発し、高科川《たかしながわ》・吾妻川《あずまがわ》・烏川《からすがわ》・碓井川《うすいがわ》、及び信州の国郡《こくぐん》より出づる所の諸流合《がっ》し、武《ぶ》州《しゅう》幡羅郡《はらごおり》に至り、一河《が》となる。又上州渡瀬川《わたらせがわ》も利根に落会ひ、栗橋より分流して、一流《りゅう》は北総《ほくそう》に入《い》り、関宿《せきやど》・木颪《きおろし》等《とう》の地に傍《そ》ひて東流《とうりゅう》し、銚子に至り、海に帰《き》す。是を利根川と号《なづ》く。坂東太郎と字《あざな》す。一流は武蔵・下総の間を南へ流れ、国府臺《こふのだい》の下を行徳の方《かた》へ曲流《きょくりゅう》し、海水に帰せり。是を新利根川と称す。（中略）或人云ふ、利根川は上《こう》野国《ずけのくに》利根《とね》郡文殊嶽《ごおりもんじゅがたけ》より発す、故に文殊《もんじゅ》の智恵利根《ちえりこん》の意をとると。（後略）

▲行徳の破魔弓《はまきゅう》

行徳の破魔弓は木製の輪を棒で叩く民俗行事

正月行徳にては童子《どうじ》二三人づゝ、左右に立わかれて、其間十歩あるひは二十歩、手ごとに短き棒をもちて木にてつくりたる輪をまろばし、かの棒にて打かへし、其輪のたをれたる方をまけとなす。輪の名はたまとも、はまとも云《いう》。

按《あんずる》に『増山の井』云、破魔弓とは、はまとて輪をまろばし、かの弓矢にて是を射て勝負をいどむ事也と云々。弓矢を棒にとりちがへたる古実なるべし。

（注）破魔弓についての言及は『勝鹿図志手くりふね』だけである。著者の行徳金堤は他の地誌『葛飾記』『葛飾誌略』などに記載のないことを承知していたものと思われる。

（注）破魔。はま。［仏］悪魔を破滅すること。煩悩《ぼんのう》を断滅《だんめつ》すること。破魔弓の的。わら縄を丸めてつくった輪。はまわ。

（注）まろばし。まろばす［転ばす］。まろぶようにする。ころがす。まろばかす。たおれる。ころぶ。

（注）はま。わら縄を丸めて作った輪。

（注）金堤の記述からは、子どもたちが正月に遊ぶさまが目に映る。行徳の破魔弓とは、輪は木で作られていて、手に短い棒を持ち、児童二三人ずつが十歩または二十歩ほど間を開けて相対し、相手方に輪を転がし、相手方もこちらに輪を転がし、それぞれが相手方の転がってきた輪を棒で打ちかえして（たたいて）、相手方の輪が倒れればこちらの勝ちとするゲームだったと理解できる。行徳の破魔弓は故実の破魔弓の変形なのであろう。

（注）昭和二〇年代（一九四五〜五五）、千葉県東葛飾郡南行徳町新井（江戸時代より新井村）で筆者は次のような遊びを体験している。自転車の車輪を外し、ゴムなどを外して鉄輪

だけにし、ポークという車輪に就いているすべての部品を外して単なる鉄の輪だけにして、その車輪の溝に棒をあてて道路上を押し転がし、同様にする反対側からの相手の車輪と衝突させて倒れた方を負けとする遊びをしていた。金堤の記述と似ていて、どこやら過去の記憶の復元とも思える遊びだったと今は思う。ただし、特定の季節感はなかった。

▲葛飾の垸飯《わうばん》

鎌倉の古実、葛飾にのみ遺る

葛飾にて正月親族を招て酒食をすゝむるを垸飯饗応《わうばんぶるまひ》と云。琓《ママ》飯とは土器三方を用る礼膳なり。民家には土器三方も用（ひ）ず。『東鑑』にも正月将軍家へ垸飯をすゝむる事巻々に見へたり。鎌倉の古実かつしかにのみ遺れり。愚老、若年の比《ころ》、毎度垸飯饗応に招れたる事あり。

（注）垸飯《おうばん》。おうばん。椀飯。①椀に盛って進める飯。②盛んな饗宴。㋑平安時代、公卿《くぎょう》が殿上に集会した時、一人または数人に命じて衆人を饗応させたこと㋺鎌倉・室町時代、宿将・老臣が毎年正月元日・二日・三日・七日・十五日などに、将軍を自分の営中に招いて盛宴を張ったこと。〈季・新年〉

（注）垸飯饗応《わうばんぶるまひ》。おうばんぶるまい。椀飯振舞。「大盤振舞」は当て字。江戸時代、民間で、一家の主人が正月などに親類縁者を招き御馳走をふるまったこと。転じて一般に、盛大な饗応。〈季・新年〉

（注）『葛飾誌略』より関連個所を記す。

一、鹽外

（前略）

当所（行徳のこと）の諺にて、つかり千両といふ。旱天《かんてん》にて専一とする産業（塩業のこと）なる故に、雨天には損害多ければなり。

（後略）

（注）つかり千両。連なる・鎖などを「つがり」といい、また、ツカリともいう。晴天がつながり続くと塩焼がはかどることから、つかり千両の諺になったと思われる。

（注）つかり千両の諺と関連して、行徳の製塩業には「照り正月」という言葉があった。行徳を紹介した江戸時代の地誌の記載にはない。照り正月は塩焼の盛期の夏場であることが多かった。

宮崎長蔵著『勝鹿図志手ぐり舟』に次のような記述がある。

製塩業には、「照り正月」という言葉があった。海水をしみこませて、水分を蒸発させ、塩分を採取する製塩業が天候に左右されることが多いのは自明の理である。雨の日が続けば、全く仕事にならない。行徳塩の行程は、二日単位で行われていた。二日晴れが三回続き、連続六日の晴天となれば、「照り正月」といって、経営者は使用人に盛大に酒をふるまった。

（関連文献『行徳歴史街道3』所収「行徳名物と照り正月」の項）

全国人士の俳句・漢詩集

金堤の友人昆泰仲《こんたいちゅう》、図志完成を祝し漢詩を贈る

癸酉仲秋《みずのとりちゅうしゅう》図志を終《お》わりて明月の夜は酒酌《さけく》みかわしけるに友人昆子典《こんしてん》、席上にありて詩を賦《ふ》す。幸ひにいまだ筆もかはかざれば、こゝに書加へぬ。

仲秋宴《ちゅうしゅうやすんず》二金堤老人宅《きんていろうじんたくに》一　時老人所レ著勝鹿図志既成《ときにろうじんあらわすところかつしかずしをすでになる》　故詩中及レ之《ゆえにしちゅうこれにおよぶ》　昆常《こんじょう》

良夜倚レ楼総海上　満天明月幾人看
漁村雲霽烟波潤　塩竈秋涼斜日寒
既有二詩集一同臭味　豈無二杯酒一罄二交歓一
由来雅趣君家事　長使三江山入二筆端一

（注）漢詩について。
良夜楼に倚《よ》る　総海の上　満点の名月　幾人ぞ看《み》る　漁村雲霽《は》れて　烟波《えんば》（水面のもや）
ひろし　塩竈《しおがま》の秋涼《しゅうりょう》　斜日《しゃじつ》に寒し　すでに詩集あり　同臭《どうしゅう》の味　あに杯に酒なく　交歓
にむなしい　由来雅趣《がしゅ》　君家《くんけ》のこと　江山《こうざん》（川と山、山水）筆端《ひったん》（筆先）に入りて長使す

の意か。

（注）昆泰仲。こんたいちゅう。昆常。淵斎と号す。字を子典という。天明《てんめい》六年（一七八六）武蔵国《むさしのくに》安達郡《あだちごおり》与野村《よのむら》生まれ。新井村の医師。泰仲様といわれて尊敬された。昆泰仲は新井村名主鈴木清兵衛、俳号行徳金堤の親友。財を投じて塩浜開発に参加する。その浜を泰仲場という。今の市川市福栄四丁目にあった。かつての欠真間村《かけままむら》字東浜、字西浜の場所（『勝鹿図志手ぐり舟』）。

（注）昆泰仲の墓は浄土真宗親縁山了善寺（千葉県市川市相之川二丁目一二番一八号）にある。

（注）『葛飾誌略』より関連個所を記す。

袖ケ浦

（前略）

上巳海遊前書略。興来何望廣淩濤。水盡難レ求源上桃。歩歩穿レ砂老蚌出。不レ知明月與レ潮高。　昆泰仲《こんたいちゅう》

（後略）

金堤の発句を先頭に二三五の句が続く

ならぶものにはあらねど
名月や所がらとはたゞのこと

金堤

（注）ならぶものにはあらねど、と金堤は謙虚である。

金堤、著作の目的を示す

浦の名をたゞにつげしらせんも
ものめかしければ国々諸君の詠吟《えいぎん》
を乞《こい》もとめこれに継《つぐ》ものは

（注）たゞに。一人での意。ものめかしければ。目立ってしまうのでの意。詠吟。えいぎん。詩歌を歌うこと。また、作ること。
（注）本文以後に江都の成美を筆頭に各地の俳人の句が続く。
（注）金堤の『勝鹿図志手くりふね』著作の目的は、行徳地先の海の名称が正しくは「かつしかの浦」であることを人々に広く知らせ普及することにあるのだから、多くの人に目的を

知らせ、各地の俳人の句を集めたのもそのための手段であろう。
問題は、金堤の目的に合った句が寄せられたかどうかであるが、その点については読み進むうちに金堤のため息が聞こえてくるように筆者には思えるのだがどうであろうか。

成美その他の江都の俳人の句

春の水海の中まで流れけり　江都成美

（注）成美。夏目成美。なつめせいび。江戸時代後期の俳人。名は包嘉。通称、井筒屋八郎右衛門。別号、随斎《ずいさい》・四山道人など。江戸の札差《ふださし》（両替商）。一流《いち》派に属せず、都会人らしい洗練された清雅な句を残し、江戸俳壇の中心勢力となる。一茶の庇護者。編著『随斎諧話』など。（一七四九〜一八一六）。
「随斎庵」は成美の別荘で句会がひらかれるサロンになっていた。
（注）ある時期、小林一茶は夏目成美の庇護を得ており、新井村名主鈴木清兵衛（行徳金堤）も成美の門下であり、一茶とは知己の仲だったとわかる。一茶は極貧の生活をしながら俳句を詠むプロであり、金堤は経済的に恵まれた名主であったことから、金堤は一茶に対するパトロン的立場にいたと推察できる。

参考文献としては一茶著『七番日記』に詳しい。なお、鈴木和明著『行徳の歴史・文化の探訪1』所収「行徳金堤と小林一茶の交遊」の項が参考になる。
（注）句集の筆頭に成美の句がある。また、成美は跋文《ばつぶん》（あとがき）を書いている。金堤との関係がよく理解できるだろう。それに比して一茶の句の掲載場所は信濃の俳人の一人としてあるのみである。一茶の境遇と一茶の詠む句はこの時代の俳人の主流のものではなかったのであろう。一茶の名が世に知られるようになるには百年後《ももとせのち》の世《よ》を待たねばならなかった。

かつしかは土とる舟もしぐれけり　　袁丁

（注）袁丁。『俳諧鼠道行』（文化十二年刊）に入集。「五百崎の雨はまことか夜の花」（『影印・翻刻・注解勝鹿図志手繰舟』）。この句には「かつしか」の文字がある。

礒山《いそやま》や千《ち》とり啼《なき》こす夜の雨　　金河
海は猶青し二月のかすみかな　　似藻
安房《あわ》が崎雪をかゝえて暮にけり　　画餅
有明の月有明の千鳥かな　　春蟻

（注）春蟻。『江の島紀行』（寛政十年刊）あり。（『影印・翻刻・注解勝鹿図志手繰舟』）

▲文晁画《ぶんちょうが》

金堤と同歳の谷文晁、依頼に応じて画く

春風にこゝろこぼすか磯の鶴　単厚

（注）文晁の画に単厚の句を付けたもの。
（注）文晁。ぶんちょう。谷文晁。江戸後期の画家。江戸の人（一七六三〜一八四〇）。通称、文五郎。別号は写山楼・無二庵主など。松平定信の寵遇《ちょうぐう》を受けた。南画に北画風を加え、また大和絵を能《よ》くし、洋画の法をも学んだ。諸国を巡歴し写生的な風景画をつくり、肖像画にもすぐれた。
（注）行徳金堤と同年の生まれになる。金堤は依頼のために文晁のアトリエに何度通ったのだろう

か。

爪たて、雉子《きじ》も御出やる汐干哉《しおひかな》　一瓢《ぴょう》

（注）一瓢《ぴょう》。清水一瓢。知足坊。『俳諧鼠道行』に入集。「温和台記」「枯野の時雨」「俳諧西歌仙」（成美跋《ばつ》）「物見塚記」（成美跋）等。（『影印・翻刻・注解勝鹿図志手繰舟』）

礒《いそ》くさしわざわざ梅に暮に行　三化

（注）三化。「さこくらへ」「野ざらし紀行翠園抄」（成美序）等。（『影印・翻刻・注解勝鹿図志手繰舟』）

春風に追たてらる、千とりかな　可丸
松一木汐干の中の汐干かな　浙江

（注）浙江。閑鶯。「果報冠者」「その人」等。（『影印・翻刻・注解勝鹿図志手繰舟』）

三日月の出をうれし気に啼《なく》ちどり　守静
旅人の声中に出ん海かすむ　鹿太
木芽ふくや浦波よせぬ垣根より　竹馬

（注）竹馬。「萩日記」等。（『影印・翻刻・注解勝鹿図志手繰舟』）

投網干くるんでもとる茄子《なす》哉　久臧《きうざう》

（注）久臧。『俳諧鼠道行』に入集。（『影印・翻刻・注解勝鹿図志手繰舟』）

どの枝もすてる梅なし海のかげ　丘窓
竹の子やよき日さし込《こむ》入江ごし　萬外

（注）萬外。「伊予簾」等。（『影印・翻刻・注解勝鹿図志手繰舟』）

雨催ふ風や礒《いそ》田の田にし取　白央
鶯《うぐいす》の声に凪《なぎ》たり浦日和　錦繍

昼見れば水鶏《くいな》の啼《ない》た流《ながれ》かな　広陵

（注）広陵。芙蓉楼。「芭蕉葉ふね」等。（『影印・翻刻・注解勝鹿図志手繰舟』）

礒《いそ》べりや野分の翌《（あけ）》の実なし貝　鶴童

鳥啼《なき》て千《ち》とりは遠くなりにけり　其道

（注）其道。木硯舎。「木すゝり集」等。（『影印・翻刻・注解勝鹿図志手繰舟』）

一里ほど川先白し秋の海　都喜丸

よし切《きり》が啼《（なけ）》ばうごくや山の雲　来曽

（注）来曽。雀堂。「俳諧近世発句類題集」等。（『影印・翻刻・注解勝鹿図志手繰舟』）

玉筋魚《（いかな）》つく袖の下から秋の立　一阿

（注）一阿。如意庵。「あたか」「袖菓」等。（『影印・翻刻・注解勝鹿図志手繰舟』）

▲南嶺画

煙が立ち昇るのは竈家であろうか

かつしかやひたぶるかゝるつきと雰《（きり）》　単厚

（注）この画中に藁葺《わらぶき》の家の入口から煙が立ち昇っている。これは果たして竈家《かまどや》であろうか。とすれば、右にある低い家は鹹水《かんすい》を貯蔵する土船《どぶね》であろう。そのような想像が膨らむ。であれば、金堤の意に適った挿絵ということができる。それとも単に岸に舫《もや》った苫舟《とまぶね》からの自炊の煙であろうか。句には「かつしか」の文字がある。

立おしむ舎《やど》りぞ浦の汐干空　大阿

（注）大阿。萩原大阿。磨花園。「熱海日記」等。（『影印・翻刻・注解勝鹿図志手繰舟』）

葛飾や名所名所を行々子《ぎょうぎょうし》　梅寿

（注）行々子《ぎょうぎょうし》は（鳴き声から）ヨシキリの異名。葦切、葦雀とも書くように、水辺から離れた葦原に棲む鳥。鶯ほどの大きさ。ともかくうるさく鳴く。葦は塩焼の燃料になる。
（注）梅寿。『俳諧鼠道行』に入集。「俳諧奇跡録」「俳諧ほしなうり」（成美跋）等。（『影印・翻刻・注解勝鹿図志手繰舟』）
（注）葛飾の文字がある。

春風や浦辺は留守の家ばかり　芳洲
むら鳥の塵とたちけり春の海　白芹

（注）白芹《きん》。其日庵。「青ひさご」「俳諧十葉抄」「俳諧はる霞」「白芹叟句集」等。（『影印・翻刻・注解勝鹿図志手繰舟』）

枯芦の倒れつくすや春の雨　桃隣

（注）芦《あし》は塩焼の燃料になる。
（注）桃隣。四世桃隣。「桃隣句選七巻集」等。（『影印・翻刻・注解勝鹿図志手繰舟』）

夏の海焦ては波のかへしけり　萱雅
椋鳥《むくどり》のきのふもけふも浦の秋　了輔

（注）了輔。「俳諧発句類聚」等。（『影印・翻刻・注解勝鹿図志手繰舟』）

崩れては千鳥となりぬ松の声　雪萬
船窓にけし飛《とぶ》鳥や冬がすみ　護物

（注）護物。谷川護物。田喜庵。「あしのひともと」「安良太末」「花信帖」「俳諧千題集」「護物発句集」「俳諧捜玉集」等。（『影印・翻刻・注解勝鹿図志手繰舟』）

魚の眼にも見へわたるかは春の風　寥松

（注）寥松。八朶園。大年庵。『俳諧鼠道行』に入集。「寥松撰集」「八朶園句纂」（山地蕉窓序）「横の小庭」「俳諧発句類聚」（了輔共編）等。（『影印・翻刻・注解勝鹿図志手繰舟』）

春の波岸あるまゝによする也　　午心

（注）午心。雪中庵。葎雪庵。「芳春帳」「大矢数」「探荷集」等。（『影印・翻刻・注解勝鹿図志手繰舟』）

桃咲や家堀たつる浦の人　　完来

（注）完来。雪中庵。「完来発句集」「江の島まうで」「蓼太居士終焉記」等。（『影印・翻刻・注解勝鹿図志手繰舟』）

閑古鳥啼《なく》や漕去《さる》艫一声　　道彦

（注）鈴木道彦。加舎白雄の弟子。医師。陸奥出身。江戸芝に住む。俳号十時《とき》庵。金令舎。

『蔦本集』『道彦七部集』等。（『影印・翻刻・注解勝鹿図志手繰舟』）

夜時雨《よしぐれ》やはらはら松は松のうゐ　其道

相模の俳人の句

浦の秋旭《あさひ》の出《いで》たつばかりなり　相模 叙来

うらの山夕や秋のうしろつき　玉珂

明《あけ》ぼのやこの夕ぐれを浦の秋　文路

これぞとていふべくもなし浦の秋　九皐

（注）九皐。「淡海八景吟」等。（『影印・翻刻・注解勝鹿図志手繰舟』）

鶴のたつ波もかぶらず風の蝶　澧水

時鳥《ほととぎす》啼《（なく）》やたるみし暁《（あけ）》の汐　豊女

一羽来てそれきり寝せぬ鵆《（ちどり）》哉　東洞

曙や松も汐家も秋日和　雉啄

（注）雉啄《ちたく》。鴫立庵。秋暮亭。「磯清水」「鴫《しぎ》の井」「まつかせ集」「雉啄日々稿」等。編著に「葛三句集」（『影印・翻刻・注解勝鹿図志手繰舟』）
（注）汐家は竈家のことであろう。松は汐垂松とも燃料の薪とももとれる。

夕立の海に入たる月夜哉　　娍鵲
江の鳥は江《こう》に戻るや枯柳　　黛松
初雪や海のうへより雲はるゝ　　宇良々
よる浪のひまにもうれし春の草　　葛三

（注）葛三《かつさん》。春秋庵。「くさかね集」「豆から日記」「葛三句集」（雉啄選及び序）。（『影印・翻刻・注解勝鹿図志手繰舟』）

遠江・三河・尾張の俳人の句

くれやすき日ののこりけり浦の山　　遠江　鬼卵

（注）鬼卵。栗杖亭鬼卵。大須賀氏。遠州日坂の人。「更科草子」「夕霧書替文章」「四季物語」等の戯作あり。（『影印・翻刻・注解勝鹿図志手繰舟』）

柳見に行ん苫屋《とまや》の夕けぶり　起石

月くもる浦や千鳥の声かぎり　木甫

暑き日もこれまでと見る秋の声　三河 卓地

（注）卓地。卓池。青々処。柏声舎。『麻刈集』に入集。「青々処句集」「浜名紀行」「弥生日記」。編著に「枇杷園句集後篇」等。（『影印・翻刻・注解勝鹿図志手繰舟』）

浦波の音はものかは萩の声　木芽

（注）木芽。五束斎。「ひしのはな」等。（『影印・翻刻・注解勝鹿図志手繰舟』）

鷗啼《（なく）》かつしかしかも浦の秋　尾張 士朗

（注）士朗。井上士朗。枇杷園。朱樹叟。「枇杷園句集」「同後篇」「枇杷園随筆」等。（『影印・翻刻・注解勝鹿図志手繰舟』）
（注）かつしかを詠み込んでいる。

浦里の正月寒し貝の売　梅間

（注）梅間。梅花園。『俳諧鼠道行』に入集。「梅花帳」「力草」「風の筋」、編著に「類題士朗叟発句集」等。（『影印・翻刻・注解勝鹿図志手繰舟』）

行春のあとさまもなき浦輪哉　竹有

（注）竹有。『俳諧鼠道行』に入集。（『影印・翻刻・注解勝鹿図志手繰舟』）

ほとほとと千鳥落けり浦の雪　五道

（注）五道。野雀。「庵の犬」「飲中八歌仙」等。「枇杷園随筆」を校訂。（『影印・翻刻・注

解勝鹿図志手繰舟』）

夕くれば海へ出て行蜻蛉《とんぼ》哉　岳輅

（注）岳輅。『麻刈集』に入集。

海こして梅の咲たる在所哉　麦河

茶山《（ママ）》花や潮風はやき丘の家　桑山

浦の名は人に聞とも秋のくれ　東陽

（注）東陽。花下遊士。「うくひすきかう」等。（『影印・翻刻・注解勝鹿図志手繰舟』）

草枕今日も千鳥の声の下　左雀

伊勢・近江・皇都・難波・姫路・肥後の俳人の句

魚　摑《（つかむ）》浦に出たり秋のくれ　伊勢　暁浦

荒礒《あらいそ》の小松かはゆき月夜かな　近江　五来

（注）五来。申斎。『俳諧鼠道行』に入集。「正徳楼申斎五来句集」等。（『影印・翻刻・注解勝鹿図志手繰舟』）

梅折に来ては海見る草のうへ　于当

（注）于当《うとう》。「関清水物語」「桃青翁句集」「同後編」等。（『影印・翻刻・注解勝鹿図志手繰舟』）

朝寒や茶のにへおそき青松葉　仁保丸

名月やかくりとおりる濱庇《ひさし》　皇都 五芳

（注）五芳。石田五芳。有無庵。二夜庵。蘿堂。「ゑみ栗物語」「いぬ槇」「阪東太郎」「ひとはかな」等。（『影印・翻刻・注解勝鹿図志手繰舟』）

手のひらを詠てゐるや浦の秋　岱季

萩ふくや潮の落行江の明り　難波 麦太

（注）麦太。万頃園。「仰魂集」「草枕」「はるやはる」等。（『影印・翻刻・注解勝鹿図志手繰舟』）

きらきらと浪間を月のちどり哉　長斎

（注）長斎。柿耶丸。酔郷祭酒。放雀園。『俳諧鼠道行』に入集。「あしのはなむけ」「かきつほ草」「かきね」「万家人名帳」（成美序）等。（『影印・翻刻・注解勝鹿図志手繰舟』）

入船のあるたびにひく霞かな　竹斎

（注）竹斎。幸庵。芦陰舎。『俳諧鼠道行』に入集。「句安奇禹度」「はまちとり」「名月帳」「夕月集」等。（『影印・翻刻・注解勝鹿図志手繰舟』）

名月に追《おわ》る丶浪のひかりかな　姫路 周泉

しら浪のうへまで露の夜明哉　伊豫 樗堂

（注）樗堂。栗田樗堂。二畳庵。『俳諧鼠道行』に入集。「樗堂句集」「樗堂自撰句集」「樗堂随筆」「樗堂俳諧集」「樗堂文集」「萍窓集」等。（『影印・翻刻・注解勝鹿図志手繰舟』）

あぶなしや海へかたむく雪の山　肥後対竹

（注）対竹。『俳諧鼠道行』に入集。（『影印・翻刻・注解勝鹿図志手繰舟』）

甲斐・信濃の俳人の句

春雨やまつはさすがに海のもの　甲斐真貫

浦の家雁《かり》まつすがた見へにけり　まつね

浜の火のはや見へそめて秋寒し　東里

夕汐のさはぎやすくに月の照　有斐

（注）有斐。『俳諧鼠道行』に入集。（『影印・翻刻・注解勝鹿図志手繰舟』）

浦の月かつしかは鳥の名所《などころ》よ　漫々

（注）漫々。早川広海。「歌文要語」「ひはりふえ」「ふるしも」等。（『影印・翻刻・注解勝鹿図志手繰舟』）
（注）かつしかを詠み込んでいる。かつしかの鳥とは千鳥のことである。

船出し人の用なき小春哉　草丸

（注）草丸《くさまる》。竹下草丸。「画餅集」「糂粏瓶」（成美序）「南無秋の風」等。（『影印・翻刻・注解勝鹿図志手繰舟』）

小夜ちどり海のかぎりを啼《なく》事歟《か》　巴岡
眼にさへるもの夕日なき浦の秋　夜涼

（注）夜涼。「うしの歳旦」等。（『影印・翻刻・注解勝鹿図志手繰舟』）

勝鹿浦眺望

いちがひに寒くなりたり不二の山　可堂
夕月にまけじと歩行《かち》真砂哉　可都里

（注）可都里《かつり》。『俳諧鼠道行』に入集。鶏鳴館。雪亭。「なつしとり」「農《のう》おとこ」等。（『影印・翻刻・注解勝鹿図志手繰舟』）

枯芦にとまるとうせる千鳥かな　信濃　素檗

（注）素檗《そばく》。嶋屋。福庵。『俳諧鼠道行』に入集。「鶯宿梅」「信濃札」「素檗句集」「長月集」「真蹟発句集」等。（『影印・翻刻・注解勝鹿図志手繰舟』）

春風や浦の子供の痘疱《いも》のあと　ふと根
蛤《はまぐり》となりてもおどれ啼《なく》雀　蕉雨

（注）蕉雨。八巣。八巣庵。『俳諧鼠道行』に入集。「追善雪の後」「春帒」「万寿楽」等。（『影印・翻刻・注解勝鹿図志手繰舟』）

出船する宵やたしかに萩の上　木鴉
初雁に海あたらしう成にけり　有叙
はひ松の浦さびしきに秋の雨　如毛

（注）如毛。五朋楼。「俳諧名家録」「蓑の露」等。（『影印・翻刻・注解勝鹿図志手繰舟』）

利根川春景

青柳や一舟づゝの人通　武曰

（注）武曰《ぶわく》。『俳諧鼠道行』に入集。（『影印・翻刻・注解勝鹿図志手繰舟』）

小林一茶の句

片浦《かたうら》の汐《しお》よけ椿《つばき》咲《さき》にけり　一茶

（注）一茶の句の掲載位置は信濃の住人として区分けされている。一茶の句はこの一句のみである。掲載場所、位置からして夏目成美とは格段に違う扱いと推察できる。

（注）小林一茶。江戸後期の俳人。名は弥太郎。信之とも称す。別号俳諧寺。信濃柏原の人。十五歳で江戸に出て、俳諧を二六《にろく》庵竹阿に学んだ。俗語・方言を使いこなし、不幸な経歴からにじみ出た主観的・個性的な句で著名。晩年は郷里で逆境のうちに没。作「おらが春」「父の終焉日記」「七番日記」「我春集」など。（一七六三〜一八二七）

（注）宝暦十三年（一七六三）五月五日、信濃国水内郡柏原村（長野県信濃町柏原）の中農の家、小林弥五兵衛の長男として生まれる。八歳で母死亡、継母との折り合い悪く十五歳で江戸に奉公に出される（この時代に農家の跡取りの長男を奉公に出すということはとても異常なことである）。十年後の天明《てんめい》七年（一七八七）一茶二十五歳のとき、幕府書院番、葛飾派のリーダー溝口素丸《そまる》の執筆《しゅひつ》（書記役）をしていた（以上『一茶大事典』）。執筆だけの収入では当然のように食べては行けず（俳諧のプロであるが収入がない）、師の伝手《つて》をたどって、特に房総の弟子の間を頻繁に行脚して施しを受けて生活費の糧としていた。生活は苦しく、日々のお金にも困っていたらしく、『七番日記』には文化《ぶんか》十三年（一八一六）十二月四日に新井村名主鈴木清兵衛（俳号行徳金堤）宅に止宿し、翌日出立、そのときに清兵衛が餞別として「金一片」を贈ったと記されている。その三年前の文化十年（一八一三）に金堤が『勝鹿図志手くりふね』を刊行したときに一茶五十歳、金堤五十歳だったが、金堤は旦那のようにふるまっている。経済的な地位の違いからであろう。

（注）『寛政《かんせい》三年紀行』小林一茶著より一茶の貧窮の様子がよく分かる。寛政三年（一七九

一）三月二十六日から四月十八日までの二十三日間の紀行文。

西にうろたへ東に、さすらひ、一所不住《いっしょふじゅう》の狂人あり（注、一茶自身のこと）。あしたには上総《かずさ》に喰《く》らひ、夕には武蔵にやどりて、しら波のよるべをしらず、たつ泡のきえやすき物から、名を一茶坊といふ（注、一茶の俳号の出典とされる）。青雲の志なきにしもあらねど、身運《しんうん》もとより薄ければ、神仏の加護にうとく、年月うらみをかさねて、（中略、欠字多く不明）春は草をつみて飢《うえ》をやしなひ、秋はこのみを拾ひて貧《まずし》さを補ふ。雪を積べき□□□持たねば、目はくらきより闇《くら》きに迷ひ、齢《よわい》は三〇に足らざれど、歯は前□□□は蛤《はまぐり》刃《ば》な□□□□□髪はしらみて□□□□□に似たり。色は死灰《しくわい》のごとく□□□□□ことな□□（注、栄養不良の様子が分かる）。此度千里□□□□□するに、（中略、欠字多く不明）すべもしらず、白き笠（注、新しい笠の意）かぶるを生涯のはれとし、竹の杖つくを一期のほまれとして、ことし寛政三年三月二十六日、江戸をうしろになして、おぼつかなくも立出《たちいで》る。（中略）

　雉鳴《きじない》て梅に乞食《こじき》の世也《よなり》けり

（著者注：一宿一飯を乞いながら行脚するわが身を乞食にたとえた）

その日は馬橋《まばし》□□□□□泊《とまる》。（中略）

八日　晴　故郷へ足を向けんといふに、道迄同行者有《あり》。二人は女、二人は男也。行徳より船に乗《のり》て、中川の関といふにかゝるに、防守《さきもり》、怒《いかり》の目おそろしく、婦人をにらみ返さんと

す。（後略）

越中・越後の句

蜊《あさり》むく霜の礒家《いそや》ぞねむくなる　（越中）嵐丈

稲のかをおしまはしたる出《で》汐《しお》哉《かな》　（越後）竹里

（注）竹里。諧仙。『俳諧鼠道行』に入集。「名なし草帋」等。（『影印・翻刻・注解勝鹿図志手繰舟』）

手枕によせん汐干の貝ばしら　左琴

（注）左琴。常盤園。「俳諧点譜」等。（『影印・翻刻・注解勝鹿図志手繰舟』）

礒波の馬にけられて涼しけれ　岐東

春風にふかれて浦のとまり哉　方三

▲挿画（芳州蔵）

若すぎる金堤を果たして白雄は弟子にしたのか

礒にたち
渚《なぎさ》にさがし汐干哉
しき涛《なみ》や杖
一節の
海すゞし
先師　白雄

（注）加舎白雄。かやしらお。江戸中期の俳人。名は吉春。信州上田の人。松露庵三世烏明・白井鳥酔に学び、多年各地を放浪。江戸に春秋庵を開く。隠逸潔癖、純真多感、飾りない句風を主張。著に蕉風俳諧の作法を平易に説いた『俳諧寂栞』のほか、『白雄句集』がある。（一七三八～九一）
（注）先師とは死んだ師匠。あるいは、前代の賢人。先賢。センジとも。先師とあるから金堤が師事したとされるが果たして金堤は白雄に師事していた時期があったのであろうか。白雄没年の時に金堤二八歳であるからそれ以前の関係である。

しづかさの日の出を見ばや夏の海　梅路

（注）梅路。「続新百韻」「みつのさま」等。（『影印・翻刻・注解勝鹿図志手繰舟』）

染るのを秋にはあらじ礒《いそ》の波　呂竹
波ある丶浦も名のみぞ雲の峰　蔵六

（注）蔵六。『俳諧鼠道行』に入集。（『影印・翻刻・注解勝鹿図志手繰舟』）

近過て礒辺の見へぬさくらかな　文喬
夜や寒し波にしみ込鹿の声　巴洞
夏の海小貝ひろふて戻りけり　九菖
鴨の来て遠くにしたる千どり哉　田都留
雉子《きじ》啼《なく》や小松に海のくぼむとき　玉之

（注）玉之。黒川玉之。「青ふくべ」等。（『影印・翻刻・注解勝鹿図志手繰舟』）

衾《ふすま》着て波音ふさく夜もありし　石海
千どり聞てかさなる山の夕あかり　陸二
寒ければ浪より白き鷗かな　幽嘯

（注）幽嘯。幽松。海印庵。「たひからす」「繋橋」（成美序）「蕉翁独吟五歌仙考」等。（『影印・翻刻・注解勝鹿図志手繰舟』）

飛騨・武蔵・葛西・上野・下野の俳人の句

浦の月かたむくまでは見ざりけり　飛弾 一左

（注）一左。「多根飛佐古」等。（『影印・翻刻・注解勝鹿図志手繰舟』）

夕立の雨ともならで海のうへ　乙丸
嶋山の月の小《ちい》さよ啼《なく》千どり　儲史
芦の穂や浦さびしくも御茶所　武蔵 巣兆

（注）建部巣兆《そうちょう》。加舎白雄の弟子。俳号小蓑庵。武州千住の人。書道家。谷文晁に画を学ぶ。

汐木焚《たく》風呂もなつかし春の雨　雨声
蜑《あま》が家の榾《ほた》のほそさや朝千どり　三統
しら浜や鶴の尾に見る春の月　星布

（注）星布。榎本星布。松原庵。「春山集」「星布尼句集」「芭蕉翁松島独吟」等。（『影印・

翻刻・注解勝鹿図志手繰舟』）

松の月はなれてさはぐちどりかな　東鶴
磯馴木《なぎ》のかたほこりする若葉哉　遠志
大空の下にものくふ汐干かな　葛西有夕
海の上青きばかりに春をもつ　柏扇
藻しほ焼《やく》煙もまじれ八重霞　山青
浪のをと松にのこして汐干かな　上野顕江
くるまる歟《か》すがる歟《か》汐に小夜　衠《ちどり》　南交

（注）南交。井原南交。「露台集」等。（『影印・翻刻・注解勝鹿図志手繰舟』）

朝鷗東風《こち》よりさきに浮にけり　鳰丸
浦の月影さす波もうらおもて　指鳳
うたかたの泡のよるべやのりの鹿朶《そだ》　兎月

（注）兎月。「つるかつら」等。（『影印・翻刻・注解勝鹿図志手繰舟』）

礒田春色

田の畔《くろ》のしろくなるまで啼《なく》蛙　樗司

勝鹿漁村

住安くなれば蚊の出る小家かな　千森

撫子《なでしこ》や風の吹ぬく海士《あま》の家　朝翠

浦の秋波はかへすをよりどころ　下野 まさき

啼《なく》千鳥月の出ぬ夜はさびしいか　素道

（注）素道。五々斎。（『影印・翻刻・注解勝鹿図志手繰舟』）

雺《きり》にくれ雺に明行浦家哉　鸞翠

洲の胡蝶《こちょう》秋の雄波にとらるゝな　賜谷

常陸・陸奥・出羽の俳人の句

八過《やつ》の浦さびしくも心太《ところてん》　常陸 翠兄

（注）翠兄。玄峯。筑波庵。「筑波庵集」「筑波紀行」（蓼太編）等。（『影印・翻刻・注解勝

鹿図志手繰舟』）

小夜砧淋しきうへを海のなる　東草
ほかほかとうしろ春日の浦家かな　蝶舞

（注）蝶舞。「蕉門百箇条」「俳諧游ぶ日」等。（『影印・翻刻・注解勝鹿図志手繰舟』）

貝売や蝶にもならず蜆汁《しじみじる》　武陵

（注）武陵。『俳諧鼠道行』に入集。「東西四歌仙」「さぬ幾婦利」等。（『影印・翻刻・注解勝鹿図志手繰舟』）

鷗啼《なく》浦はかすみて冬の朝　啓山
根おろしや一かたまりに啼《なく》千どり　松江

（注）松江。細鱗舎。「俳哲五明集」「ひとつ合器」等。（『影印・翻刻・注解勝鹿図志手繰舟』）

浦の秋旭《あさひ》見に行《ゆく》ばかりなり　五桂
漕出て浦の秋見る小舟かな　遅月

（注）遅月。「一夜流行」等。（『影印・翻刻・注解勝鹿図志手繰舟』）

朝霞浜びさしより崩れけり　牛子
霞あり芦の角より筑《つく》ばやま　九雨
春の日や何に出てゐる浦の人　楚客
浦並に鰯の多し雲の峯　卜丸
明月や小松にかゝる汐の雰《きり》　壺仙

（注）壺仙。蓬戸亭。「つとのくさつとのくさ」等。（『影印・翻刻・注解勝鹿図志手繰舟』）

松とても春の草なれ礒ありき　陸奥 乙二

（注）乙二《おつに》。岩間乙二。松窓。「蕪村発句解」「畑せり」「松窓句集」「松窓乙二発句集」等。（『影印・翻刻・注解勝鹿図志手繰舟』）

波うけて刈《から》る丶草や合歓《ねむ》の花　三醒
宿かりるうらも表も千鳥かな　雨考

（注）雨考。「青かげ」等。（『影印・翻刻・注解勝鹿図志手繰舟』）

枕ふたつかくしかねたる礒家哉　秋夫

（注）秋夫。嘯月庵。「下毛みやけ」等。（『影印・翻刻・注解勝鹿図志手繰舟』）

貝売に灯とぼす花の小家哉　与人

（注）与人《よじん》。『俳諧鼠道行』に入集。「黒塚集」等。（『影印・翻刻・注解勝鹿図志手繰舟』）

帷子《かたびら》に風のそはゆる礒辺かな　保秀
波かけて鷗を肥す四月かな　文郷
春の日や千鳥聞てもねむくなる　出羽里皓
稲妻の中から出たり沖の石　宇考

（注）宇考。栗蒼下。「芭蕉翁発句集蒙引」等。（『影印・翻刻・注解勝鹿図志手繰舟』）

海の面のちどりにまけて暮にけり　左明

（注）左明。松露庵。夏冬庵。「歌仙貝」「難波便」「俳諧一目千本」等。（『影印・翻刻・注解勝鹿図志手繰舟』）

礒山や啼《なく》雉子の尾に汐みつる　二来

安房・上総・下総の俳人の句

時鳥あとも夜汐の光りかな　安房《あわ》鳥周

いざよひもきのふにおなじ浦家哉　杉長

（注）杉長《さんちょう》は本名井上良民、（千葉県）安房郡千倉久保の人で医師。（『勝鹿図志手ぐり舟』）

（注）杉長。『俳諧鼠道行』に入集。「梅人句集」「水の音」等。（『影印・翻刻・注解勝鹿図志手繰舟』）

明月や心すむ時海のをと　越児

そこはかとなく日を暮す春の儀　買風

（注）買風。万事庵。「茶花見」「筑波詣の紀行」等。（『影印・翻刻・注解勝鹿図志手繰舟』）

名月をたゞにも見ずや浦の子等（ら）　郁賀

（注）郁賀《いくが》。「花声集」（成美跋）「花の声」等。（『影印・翻刻・注解勝鹿図志手繰舟』）

浦へ出て浪にとられな春の鴫（しぎ）　宗供

（注）宗供《そうきょう》。「摩尼屑」等。（『影印・翻刻・注解勝鹿図志手繰舟』）

浦の秋手児奈のきれい過て猶　上総 輪之

（注）輪之《りんし》は本名石渡六左衛門、（千葉県）山武郡成東町横地の人で名主。（『勝鹿図志手ぐり舟』）

（注）輪之。「風廼卯月」等。（『影印・翻刻・注解勝鹿図志手繰舟』）

東雲《しののめ》の汀に花の千鳥かな　　一止

（注）一止。瓠形庵。「さはひこめ」「さちき集」「はなむくけ」等。（『影印・翻刻・注解勝鹿図志手繰舟』）

浦澄て月には影もなかりけり　　太乙

（注）真言宗海岸山安養寺（千葉県市川市高谷二丁目十六番三十五号）の住職が俳号太乙を号していた（『一茶大事典』）。しかし、この太乙の俳号を持つ人物の句は上総の欄に掲載されている。

また、井上脩《しゅう》之介《のすけ》著『一茶漂白―房総の山河』では、一茶がこの寺に出入りしたのは、『随斎筆記』（江戸蔵前の札差夏見成美著）などに句の見える俳僧太乙（初号一由）が住職をしていたからで、境内に辞世の句「撫子《なでしこ》のはれ行く空や西の山」を刻んだ墓碑が現存するとしている（なお、いまでも墓碑は現存している）。俳号一由の句は後半の行徳俳人の欄に載っている。なお宮崎長蔵著『勝鹿図志手ぐり舟』では太乙と書いている。

名月やさてもその山こゝの浦　郊文

見るほどは雁ものこりし浦家哉　女花嬌

（注）花嬌《かきょう》は、本名織本ソノ、（千葉県）富津村名主織本嘉右衛門の未亡人、上総国君津《かずさのくにきみつ》郡《ごおり》の一郡すべてを所有するといわれた大地主で酒造業、金貸業の豪商、美貌と才名の人。一茶の憧れの女人。（『勝鹿図志手ぐり舟』）

（注）花嬌。織本花嬌。「すみれの袖」等。（『影印・翻刻・注解勝鹿図志手繰舟』）

真間の浦尾花がもとよ啼《なく》うづら　文友

（注）文友。浅井文友。「百人集」等。（『影印・翻刻・注解勝鹿図志手繰舟』）

いさり火も消てのこるよ春の月　媒柯

（注）媒柯。「八十とせの賀」等。（『影印・翻刻・注解勝鹿図志手繰舟』）

汐干よりおもひ立けり老の旅　下総雨塘

（注）雨塘《うとう》は本名小河原七郎兵衛、千葉市蘇我町の人で名主、回船問屋を営む、加舎白雄門下。（『勝鹿図志手ぐり舟』）
（注）雨塘。『俳諧鼠道行』に入集。（『影印・翻刻・注解勝鹿図志手繰舟』）

渡り鳥今朝も北風の一しきり　近嶺
大利根で真菰といふよ草の稲　兄直

（注）兄直《えなお》は谷本兄直、太田亭と号す、小見川町岡飯田の名主、葛飾派。（『勝鹿図志手ぐり舟』）

時鳥啼《（なく）》夜を船の栄耀《（ゑやう）》かな　之綱
ありがたや夜の寝あまれば千どりなく　太笻

（注）太笻《たいきょう》は本名青野慶治郎、（千葉県）香取郡東庄町小南の名主、酒造業を営む。（『勝鹿図志手ぐり舟』）
（注）太笻《たいこう》。椿丘。「犬古今」「しきなみ」「ひさこものかたり」「俳諧発句題叢」等。（『影

印・翻刻・注解勝鹿図志手繰舟』）

鴨啼《なく》や焚火の見ゆる土手の家　一白

（注）一白《いっぱく》は本名倉橋左介、曇柳斎と号す、茨城県稲敷郡河内村田川の名主、豪農、今日庵元夢門人で葛飾派。（『勝鹿図志手ぐり舟』）

いさり火の秋めくひとつひとつ哉　月船

（注）月船《げっせん》は本名古田和左衛門、五水庵と号す、茨城県北相馬郡利根町布川の人で回船問屋を営む。葛飾派素丸門下。（『勝鹿図志手ぐり舟』）

▲**挿画**（巣兆画）

澪竹におもひぞ
とゞく江の

月見

千どり啼《なく》や
ふいと悲しき
羽箒

先師
白雄

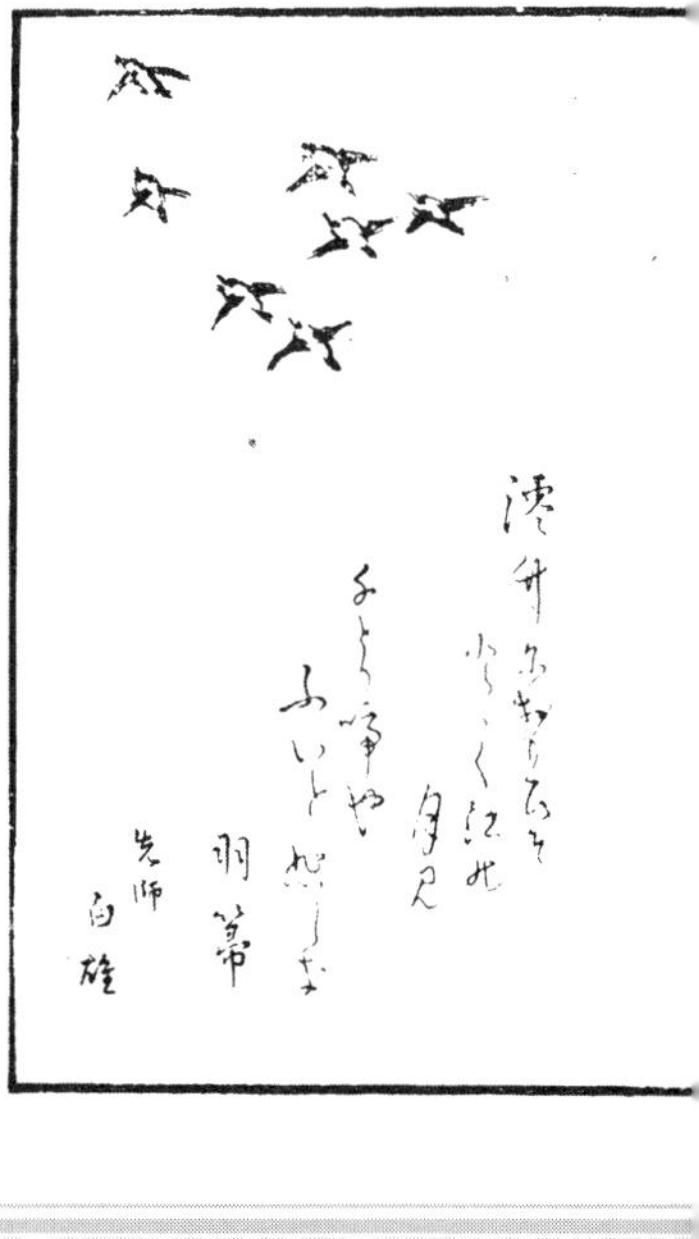

冬の松海から見へてあはれ也　成之

（注）茂之。蓮坡堂。「俳諧百人一句集」等。（『影印・翻刻・注解勝鹿図志手繰舟』）

ほかほかと日のさす雪の浦家哉　真梶

かばかりのくさも花咲《さく》礒輪かな　耕寿

（注）耕寿。「淡海集」等。（『影印・翻刻・注解勝鹿図志手繰舟』）

月入て松はしさりし浦の波　三市

（注）三市《さんし》。「歳旦集」「俳諧観国光」等。（『影印・翻刻・注解勝鹿図志手繰舟』）

汐さきや野山に低き秋の雲　環阿
おもしろの浜田となりぬ春の月　密仙
春の夕そろそろ海の匂ひけり　文水

（注）文水。「朧月」等。（『影印・翻刻・注解勝鹿図志手繰舟』）

けしの花海は浅黄に暮にけり　双樹

（注）双樹《そうじゅ》は本名秋元三左衛門感義、流山の人で酒造業秋元家の九代目。みりん、酒、醤油、味噌などの醸造業の豪商で葛飾派。一茶は双樹との文通が最も多い。（『勝鹿図志手ぐり舟』）
（注）双樹。秋元双樹。一茶と交あり、流山の人。（『影印・翻刻・注解勝鹿図志手繰舟』）

初雁や帆のふりかはる遠渚　樗白

風すゞしや蛍に潮の見ゆるまで　朝洲
浦の梅よこ日になれば凪になき　斗橋
勝鹿の夕凪きそふ千どりかな　梅経
かつしかや菜も末《うら》がれて鴨の声　山戸

（注）かつしかの文字を入れたのは金堤の意を汲んだためであろう。この部分はかつしかでなくてもいいのだから。

浪につれ浪にはなれて啼《なく》千どり　桂芝
芦火《たく》焚門《かど》かぞうれば初千鳥　素迪

（注）素迪《そてき》は、成田山新勝寺の中興照誉上人、大田亭と号す。（千葉県）成田市の人で建部巣兆の門下。（『勝鹿図志手ぐり舟』）

燈台もとくらしの発句という金堤の嘆き

こゝに礒《いそ》のかのはなれたる発句《ほっく》

をならぶるは是燈台《これとうだい》もと
くらしのたぐひならん歟《か》

（注）金堤の叫びとも取れる絶句調。ここに磯の香の少しもしない発句をならべたが、行徳の俳人の詠んだ句としては燈台下暗しと言っても過言ではないではないのか、と憤りに満ちたものになっている。辛辣と言ってもいいだろう。金堤の心の叫びである。行徳の俳人がかつしかの浦を詠まずしてどうする、との気持ちが伝わってくる文章である。この金堤の書を受け取った俳人たちはこの部分を読んでどのような気持ちになったのであろうか。

行徳俳人の発句

春は老けりな独活《うど》にも杉菜にも　行徳 紅二
町うらの小寺の庭や蛙啼《なく》　和来

（注）和来。和来山人か。「落噺腮の懸鎖」等。（『影印・翻刻・注解勝鹿図志手繰舟』）

春の雪只おもしろきものに降　図南

（注）図南。鵜飼図南か。盤礴舎。蘇洲。「図南和文章」「出放題」等。（『影印・翻刻・注解勝鹿図志手繰舟』）

ゆかしげに見ゆれ薺《なずな》の青みさへ　らく女
若くさや野は有明の月ばかり　在舟
雉子の声けぶり立《たつ》山の夕かな　安子
砂山や根あがりつゝじまばらなる　其山
歯をもるゝ諷《うたひ》の声や夕すゞみ　斗七
てらてらと日ののぼる也鷭《ばん》のうゐ　文史
六月の雨や大空見へてふる　一由

（注）一由は高谷村《こうやむら》の真言宗海岸山安養寺の住職（宥杲《ゆうこう》和尚）の俳号。寛政《かんせい》三年（一七九一）、三月二十六日から四月十八日まで一茶房州を行脚して帰路行徳を通過、『寛政三年紀行』を著す。このとき、安養寺に立寄ったかは記載なく不明。一茶二十八歳、極貧の様子を綴る。この頃にはまだ一由和尚の知遇を得ていなかったのではないのだろうか。

文化《ぶんか》十年（一八一三）、金堤『勝鹿図志手くりふね』刊行。一茶と太乙（一由）和尚の句が載っている。寛政三年から文化十年までの二十年の間に金堤と一茶との出会いがあった。

一茶、金堤ともに五十歳。

文化十一年（一八一四）九月六日、一茶、高谷村に入る。行徳船を利用して太乙和尚を訪ねたと思われる。

文化十二年（一八一五）十月二十四日、一茶、金堤を伴い高谷村安養寺に二泊する。このとき一茶、金堤ともに五十二歳。

同年十一月五日、一茶、高谷村安養寺に一泊。行徳船を利用と思える。

文化十三年（一八一六）十二月四日、一茶、新井村名主鈴木清兵衛（行徳金堤）宅に一泊。

翌日茨城県へ出立、金堤、金一片を贈る。今井の渡しを渡って金堤宅へ来たものと推察される。

夏木立鶯啼て栖やすし　東芸
朝顔とのみ見ては日を送りけり　是平
何時《いつ》も鳴鐘から秋を撞たしぬ　浣黒
有明の明石八月《はつき》の杜《やしろ》かな　柳下
寝覚寝覚懐《ふところ》ふるき長夜かな　糸道

名月やどこやら不二のこちら向　皐来
菊の戸や朝起しては空を見る　舟慶
灯ともせばきくは白きにほこりけり　柳翠

▲挿画（金堤画）

津宮舞の言葉の由来とは

勝鹿八幡《かつしかはちまん》津《つ》宮舞《くまひの》図《ず》　例祭八月十五日

酒くさき
たいこ
うちけり
今日の月　其角

津宮《つく》とは長き楹《はしら》を白木綿にてつゝみ鳥居の前に立置《たておき》、心願ある人、此楹《はしら》にのぼり、社《やしろ》の方《かた》幷《ならびに》四方を拝す。下に舞台有《あり》て神楽《かぐら》を奏す。又、筑波《つくば》より伝来《つたえきた》りし舞楽ゆへ筑波舞《つくばまい》の略語に筑舞《つくまひ》とも云《いう》といへり。此舞は十五日夕方也。

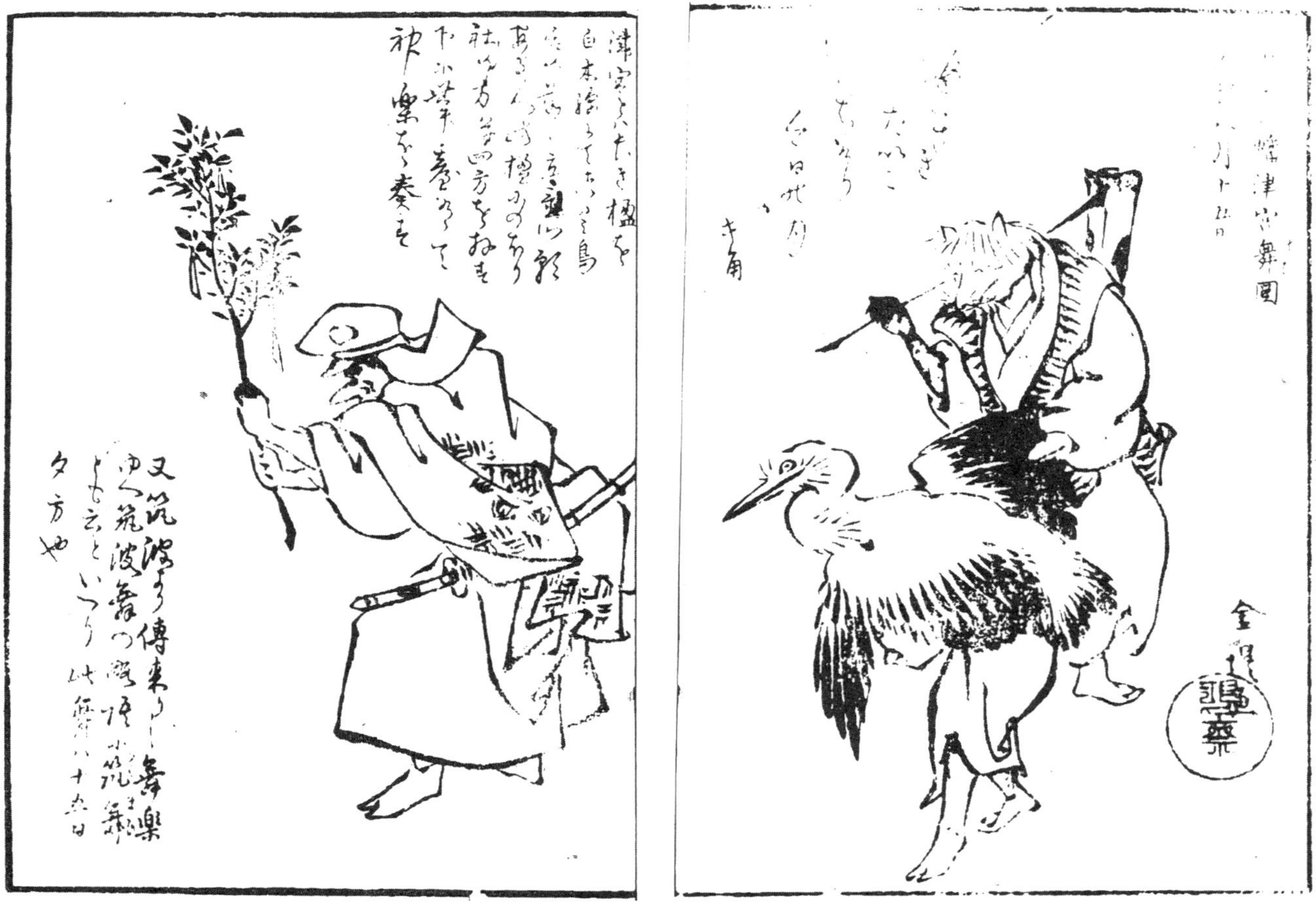

金堤画（勝鹿八幡津久舞図）

(注)金堤は画をもたしなみ多才である。津宮舞《つくまい》の語源を述べている。
(注)其角。宝井其角。たからいきかく。江戸前期の俳人。号は宝晋斎など。近江の人。江戸に来て蕉門に入り、派手な句風で、芭蕉の没後洒落風をおこし、江戸座を開いた。蕉門十哲の一。(一六六一〜一七〇七)
(注)其角の句を載せているが、いつの時代も祭礼に飲酒はつきものだが、現代では飲酒しての神輿担ぎは禁止する神社が多い。事故防止のためである。
(注)勝鹿八幡。葛飾八幡宮。かつしかはちまんぐう。千葉県市川市八幡《やわた》四丁目二番二号。
(注)『葛飾記』より関連個所を記す。

八幡宮　附八幡《やわた》、社領、不知ノ森《しらずのもり》、寺領

市川村より巽《たつ》ミ、行徳よりは艮《うしとら》ラの方也《かたなり》、船橋、佐倉、銚子、上総《かずさ》、房州《ぼうしゅう》の海辺《うみべ》、駅綱《ムマツナギ》也《なり》、是《これ》、聖武皇帝《しょうむこうてい》の御願《ぎょがん》、国々に御鎮座《ごちんざ》まします八幡宮《はちまんぐう》の下総国《しもうさのくに》第一の御社《おやしろ》也、御神《ごしん》体《たい》は、仲哀帝《ちゅうあいてい》の御子《みこ》、人王十六代応神帝《おうじんてい》也、御母《おんはは》は神功皇后《じんぐうこうごう》長　足妃《オキナガタラシヒメ》と号す、(中略)
毎年八月十五日昼七ツ時、注連下《しめした》禰宜《ねぎ》集《あつま》り、津宮《ツク》といふ事有《ことあり》、兼てより、華表《かひょう》前《まえ》に檣《ほばしら》の如《ごと》く長き柱に白布《しろぬの》を巻《まき》、上《う》へにて結び合《あわせ》て足の代《し》ロを置き、其《その》下に少しき楽屋をしつらひ、此内より、獅子、猿、大鳥などを出し、舞をして、笛、太鼓に合せて、御輿《みこし》帰《かえ》り入《いら》せ給《たま》ふ、まひ過て、其年の念願の有《ある》もの撰《あらわ》れ、身軽に成り、右の津久楹《つくはし》ラの上に登り、四方を拝し、又社《やしろ》の方《ほう》へ向ひ、拝謝《はいしゃ》して下る也、大方《おおかた》は、参詣《さんけい》の内《うち》、態《わざ》とにてなければ、暮

に及ぶ故に見物する者少《すくな》し、（後略）

（注）『葛飾誌略』より関連個所を記す。

一、八幡宮《はちまんぐう》。相殿二前。天照大神《あまてらすおおかみ》、春日明神。御朱印五拾石。男山八幡宮勧請。寛平《かんぴょう》年中（八八九〜八九七）勅願所《ちょくがんじょ》。国家鎮護として日本国中に一社づつ鎮座ましまし、其所をも八幡と号せり。凡九百十余年に及ぶ。

（注）『江戸名所図会』より関連個所を記す。

葛飾八幡宮　真間《まま》より一里あまり東の方《かた》、八幡村《やわたむら》にあり。常陸并房総《ひたちならびにぼうそう》の街道にして、驛《うまや》なり。鳥居は道ばたにあり。別当は天台宗にして、八幡山法漸寺《やわたさんほうぜんじ》と号す。

（中略）

放生會　八月十五日に修行す。此日神輿《じんよ》渡らせらる。又同日《おなじひ》津宮《つく》といふ事あり。夕七《ゆうななつ》時《どき》頃、当社の社人等《しゃにんら》集り、華表《とりい》の前に檣《なぎ》の如く長き柱に、白布《しろぬの》を巻きたるを建て、上の方《ほう》にて其白布を結び合せて、足をかくる代《しろ》とす。念願ある人身軽になり、件《くだん》の楹《はしら》の上へ登り、四方を拝し、社《やしろ》の方《かた》を拝し、終りて下《くだ》る。此行事は相州日向薬師《そうしゅうひゅうがやくし》にもありて、かしこにては推登《すいとう》といへり。其趣相似《そのおもむきあいに》たり。又其の津宮柱《つくばしら》の下に楽屋をまうけ、神輿帰社《じんよきしゃ》におよぶ時、獅子・猿・大鳥の形を粧《よそほ》ひて此楽屋より出《い》で、笛太鼓に合せて舞ふ事あり。

（後略）

降からりからり雪の釣瓶かな　一我

（注）一我。『俳諧鼠道行』に入集。今日庵一峨か。一峨には「なにふくろ」（成美序）あり。（『影印・翻刻・注解勝鹿図志手繰舟』）

飛飛にしぐれのしみる小松哉　烏暁

（注）烏暁。「十六夜集」等。（『影印・翻刻・注解勝鹿図志手繰舟』）

枯芦に雀のたまるしぐれ哉　市慶
入相のとゞかぬ地なし鉢たゝき　円遊
馬で行人《ゆく》のちいさき枯《かれ》のかな　暮泉
こゝろばかりうごいて冬の日はくれぬ　香明
兀《はげ》山の木がらし何を吹をとす　雅乙

（注）雅乙は『葛飾誌略』の「一、夕巻川」の項にも句を残している。「朝霧や利根に横たふ竹筏」とある。『葛飾誌略』の著者と面識があったのであろう。『葛飾誌略』の著者と金堤

とは交流がなかったのだろうか。

玉藻苅けんときゝし万葉集の古きつたへも人すむのら（野良）とうつり来《きたり》ぬれば
真間《まま》の江やいつものうゐて秋の霜　　葛陵

（注）葛陵は曽谷安国寺に王義之宮《おうぎしのみや》を再興せんと奔走していた松月庵葛陵の事。書道家。
（『勝鹿図志手ぐり舟』）

金堤の句四句

小園四時
薺《なずな》摘て七種《ななくさ》はずむこゝろ哉　　金堤
風そよそよ蝙蝠《かはほり》見ても夜を更《ふか》す
玉笹や露の長居をする所
大雪やまた春遠くなる心

（注）金堤の句である。「薺《なずな》摘て七種《ななくさ》はずむこゝろ哉」に金堤の悦びがにじみ出ていると

思えるが読者諸氏はどのように感ずるだろうか。

▲挿画（竹沙昊主画）

金堤、昆子典の漢詩を挿画に配する

此浦の風情をいはゞ
早稲の香や分入
右は有礒海
芭蕉

勝鹿風光東海浜
平沙千里都無塵
雲烟不断煮波処
自有樵漁伴隠淪
昆常
典士

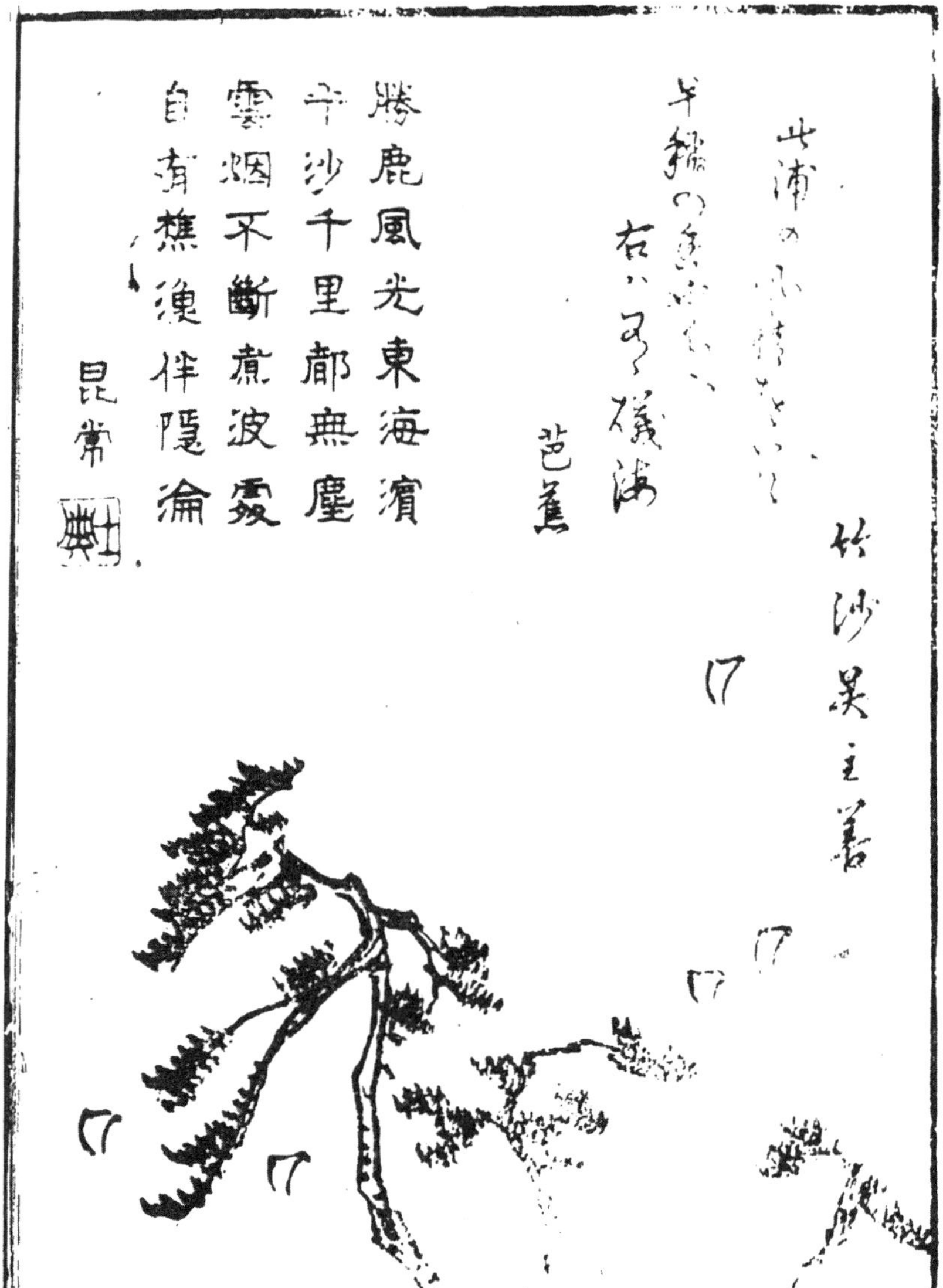

竹沙昊主画

（注）芭蕉の句を右に掲げ、左に金堤の親友昆泰仲の漢詩を配している。巻末を飾るものとしてふさわしいものだろう。

（注）勝鹿の風光　東海の浜
平沙千里　都に塵なし
雲烟絶えず　煮波のところ
おのずから樵漁《しょうぎょ》あり　隠倫《いんりん》を伴う　昆常

次のような意味であろう。参考のために『勝鹿図志手ぐり舟』より引用する。
葛飾の名勝は東海の海である。平らかな砂浜は涯なくつづき、都の空は塵もなく澄み切っている。雲か、煙か、いつも波間より立ち昇っている。その自然の中に猟師や農夫が、世事にあくせくせず暮らしている。

遅れてきた江戸・行徳・越後・上総・下総の俳人の句

おくれしを
花ちらばみな苅かやになりぬべし　江戸 萬里

（注）萬里。採茶庵。「萬里翁家集」「雪七草」等。（『影印・翻刻・注解勝鹿図志手繰舟』）

ひと瓢《ひさご》米有雪のつもれつもれ　同　巴涛
榾《ほだ》焚て花の因縁つくりけり　同　素玩

（注）素玩。奉珠庵。『俳諧鼠道行』の成美らの百韻に加わる。「滑稽深大寺」「董江湖」「多羅葉集」等。（『影印・翻刻・注解勝鹿図志手繰舟』）

痩馬の頬にぶらつく瓢《ひさご》かな　同　午碧
粽《ちまき》結ふ一間にたらぬ月夜哉　行徳　石人
四方《よも》の色露にせまりて後の雪　越後　桃止

（注）桃止。「よものふみ」等。（『影印・翻刻・注解勝鹿図志手繰舟』）

時雨や其日其日を旅の宿　同　喜年

（注）喜年。「ゆふつきよ」等。（『影印・翻刻・注解勝鹿図志手繰舟』）

草の実のついて戻るよ牛の面《つら》　上総 里丸

（注）里丸。「木枯集」「杉間集」「雪のかつら」等。（『影印・翻刻・注解勝鹿図志手繰舟』）

昼見れば水鶏《くひな》の啼《ない》た流かな　下総 広陵

雲じりをみれば月有《あり》雪の山　同 百合丸

待人のなくて立けり天の川　同 その女

跋文

成美跋《せいびばつ》

屠蘇《とそ》ははじめ庵の名にして鍾旭《しょうき》は草の名なりとかや。あしをよしとよび梨子（なし）をありの実といふは、ことさらによき名によびかへたり。款冬（にんどう）と蓑荷（すひかづら）をあらぬ字音になし、富貴冥加にひゞかせたるはつくし歌の作意なり。是等のたぐひは音と訓とにまぎれゆきて末々はいづれをさきとし、のちとせんもしるべからず。かつしかの金堤、わがすむかたの浦の名をいにしへのふみどもにかうがへ（考）て、今のとなへのひがめるをあらためんとす。是古きをこのむあまり、これらの事にいたりて、ながく来遊の風人墨客のまどひをとく。なほ俳句若干をあつめて是がかざりものとし、遠きちかき好事の家にわかちおくらんといふ。その事よくつとめたるかな。今よりのち此の浦の名の正しきにかへらば、金堤の功またすくなしといふべからず。かの集既になれる折から、その需（もとめ）に応じて。

成美跋

（注）夏目成美の跋文である。古《いにしえ》はかつしかの浦と唱えたのに、今どきは袖ヶ浦などと詠

う。文人墨客の惑いを解こうとした金堤は俳句若干を集めて（後半の句集の事）葛飾散策の図志の飾り物とした。そして遠くの、あるいは近くの俳句の好事家たちに金堤の心を分かち与えんとしたのだが、それはとてもよくかなったと思う。今よりのち、この浦の名が正しくかつしかの浦と呼ばれるようになれば、金堤の功績は多大のものがある。金堤の求めに応じてこの奥書を贈る、の意であろう。

書勝鹿図志後

嵇康之好レ鍛、阮孚之嗜レ屐、郭橐駝之喜二種樹一、豈特與レ鍛與レ屐與二種樹一之楽乎、蓋彼抱二峭潔一、其韵瀟疎、不レ能俵二世間一、啜レ醨餔レ糟之故也已、不レ然、名教中自有二楽地一、尚何風流之托、愛玩之逃、乃不レ得レ已而然。金堤老人之耽二倭歌俳句一也、亦似二不レ得レ已而然一、吾観二其貌一傀梧、其気佚宕、想当下其中有中馳二名樹功於天下一之志上、然而其身僅止二一邑長一、而歯亦将レ半二乎百一矣、逐電之號、屈二乎槽櫪一、冲霄之翅、老二乎樊籠一、人之傍観、猶レ欲二為レ之不平一、況親二於已躬一乎、故特假レ此、而泄二其鬱抑無聊之境一、則果哉其不レ得レ已而然也、余見二老人於行徳一者数矣、其初視二其外貌一、以為異二乎衆人一、稍而察二其志気一、以為勿レ論レ異二乎衆人一、且将三攀レ嵇提レ孚従二橐駝一矣、一日出二其所レ著一、曰勝鹿図志也、曰記三社塔勝地在乎行徳一也、曰将下梓以伝中於同癖倶二臭味一之徒上也、因乃嘱二序大田錦城先生一、而既諾矣、奈何首乎有レ冠、而不レ履二於脚一、君盍㆔録真㆓一言於尾㆒、余意先生之序、其宜㆑序者則既序㆑之、然亦俾㆓余一言㆒、無乃蛇而画㆑足歟、則老人詎庸㆓此長物㆒之為乎、老人笑而不㆑応、老人行徳人、姓鈴木氏、世長㆓於邑㆒云、退斎脇山

該

（注）――の部分について、宮崎長蔵著『勝鹿図志手ぐり舟』より引用する。

金堤老人、これ倭歌（和歌）、俳句に耽《ふけ》るなり。（略）われその貌《かお》をみるに傀梧《かいご》（壮大なさま）、その気佚宕《てっとう》（大まかでしまりのないこと）、想うにその中《うち》に名を樹功《じゅこう》（手柄をたてる）し、天下に馳《はせ》すの志を有《ゆう》すにあたる。しかうして（それだのに）その身僅かに一村長《むらおさ》にとどまる。（略）余老人を行徳に見ることいくたび、その初めその外貌を視す。思えらく衆人にことなるか、ややありてその志気（意気ごみ）を察し、思えらく衆人に異なるが論ずるなかれと、まさに嵆《けい》（中国河南省にある山）を挙じ、孚《ふ》（外皮で包まれた卵や種）をさげ、橐駝《らくだ》（ラクダのこと）を従えんとす、一日その著す処を出ず、曰《いわ》く勝鹿図志也。

（略）

（注）この跋文の筆者脇山退斎は、名は該、字は子郁。丹羽の人。天保二年歿。年三十九。「退斎文集」「退斎集」がある。嵆康―竹林の七賢の一人。阮孚―阮籍。竹林の七賢の一人。郭橐駝―柳宗元に「郭橐駝《たくだ》伝」あり。この跋文から鈴木金堤の人柄が略々想像せられる（『影印・翻刻・注解勝鹿図志手繰舟』）。

資料

行徳関連の郷土史資料として関連書籍を刊行年代順に記すと次のようになる。

なお、行徳の郷土史資料として筆者としては『葛飾記』『葛飾誌略』『勝鹿図志手くりふね』は葛飾三地誌と称してもよいものと確信している。

❖『江戸砂子』（えどすなご）

編者小池章太郎、株式会社東京堂出版刊行、昭和五十一年（一九七六）八月二十五日刊行。以下二点が収録されている。

『江戸砂子温故名跡誌』は享保《きょうほう》十七年（一七三二）仲夏日《ちゅうかのひ》、作者菊岡沾涼《きくおかせんりょう》、日本橋南一丁目万屋清兵衛が刊行。

『続《しょく》江戸砂子温故名跡志』は享保二十年（一七三五）正月、作者菊岡沾涼、江戸日本橋通一丁目松葉軒萬屋清兵衛蔵が刊行とされている。

沾涼は、凡例《はんれい》として、「凡《およそ》編纂の序次新古に拘らず、御城を以《もって》始《はじまり》とす。江都の中央にして方角茲《ここ》より計る。故《ゆえ》に首巻は先武陽の大意を論じ、次に御城を始として御外曲輪《くるわ》の内に終ル。第二は江城の東、浅草・橋場に始《はじ》メ下谷・千住に終《おわ》ル。第三は江城の艮《うしとら》、湯島・谷中に始メ駒込・小石川に終ル。第四は江城の西北、牛込・四谷に始メ赤坂・渋谷に終ル。第五は江城の南、芝・西久保に始メ亀戸・隅田川・真間に終ル」としている。

葛飾に関する記述は少ない。

徳川家康の江戸入り後百四十五年後の作品。

❖『葛飾記』（かつしかき）

中央公論社刊行『燕石十種』（第五巻／岩本活東子編）に所収。一九八〇年五月三十日刊行。全一巻。

『葛飾記』は寛延二年（一七四九）刊行、著者青山某とだけ記され、名前は不明。ただ、行徳の青山氏の一族の一人といわれ、青山文豹という説がある。

行徳領を広く深く紹介した地誌として最初の文献になる。

葛飾郡中の名所旧跡、神社仏閣の縁起などを解説した観光ガイドブック。上下巻に分かれる。上巻は十三の項目があり、「葛飾の郡」では行徳のことが手に取るように描写され、川の風物、産物が記され、景物、名物に歌が添えられている。

下巻は三十三の目次があり、後半部分に、これより行徳領の内という注釈がつき本行徳下の海岸塩浜のこと、神明宮、新河岸、弁財天、香取神社、その他を紹介、最後に、行徳領三十三カ所札所を掲げ、寺名と道歌を書いている。

古《いにしえ》の和歌を多数織り交ぜて紹介していることが特徴になっている。著者の博識が顕著である。

徳川家康江戸入り後百五十九年後の作品。

❖『葛飾誌略』（かつしかしりゃく）

房総叢書刊行会『房総叢書』（第六巻）に所収。昭和十六年（一九四一）十一月十日刊行。『葛飾誌略』の著者は馬光という俳号を持つ人物と考えられるが氏名不詳。『房総叢書』には、文化七年（一八一〇）の写本（翻刻をした稲葉氏所蔵）の翻刻したものが載せられている。

記述の方法の特徴としてはすべてが「一つ書き」、つまり、「一、内匠堀。……」などのようになっていることで、『葛飾記』の記述方法とは異なる。また、各村の石高、塩浜反別、塩浜永を詳述、さらに、洪水、津波、火山の噴火などの災害にも言及している。

内匠堀について言及した唯一の地誌である。

行徳領はおよそ四十余カ村、高およそ一万石等々、ただし本行徳は行徳の母郷なれば、行徳より書き出すはずだが、村々の順路が読み継ぎづらいようなので、江戸川下流の村から書き出して国府台辺りで終わるとしている。そして、浦安から本行徳、船橋、市川、江戸川区までの村々を紹介している。

徳川家康江戸入り後二百二十年後の作品。葛飾記刊行後六十一年後の刊行。

行徳の郷土史の中心的な地誌である。

❖『勝鹿図志手繰舟』（かつしかずしてくりふね）

正式な書名は『影印・翻刻・注解　勝鹿図志手繰舟』。高橋俊夫編、一九八〇年七月三十日刊行。本書はこの高橋俊夫編の翻刻を利用した。

また、『勝鹿図志手ぐり舟　行徳金堤《ぎょうとくきんてい》の葛飾散策と交遊録』（宮崎長蔵著／一九九〇年九月二十九日刊行）が解説書として利用できる。


行徳金堤編著の『勝鹿図志手くりふね』は文化十年（一八一三）刊行。上下二巻本。現代の自費出版本にあたる配り本。


上巻は葛飾の浦を中心に行徳領の紹介、下巻は句集で、挿絵は葛飾北斎、谷文晁ら、俳句は小林一茶、夏目成美ら著名人を含めて二百名余。

行徳金堤は行徳領新井村の名主鈴木清兵衛。鈴木金堤とも。

徳川家康の江戸入り後二百二十三年後の作品。『葛飾記』の刊行から六十四年後の刊行。なお、前年の文化九年に新河岸に成田山常夜燈が設置されている。

❖『葛西志』（かさいし）

三島政行著、文政四年（一八二一）成立とされる。

利用できる文献としては、国書刊行会刊行の東京地誌史料『葛西志』（昭和四十六年〈一九七一〉八月十五日刊行）がある。巻之二十五まで全一巻。

行徳川、番船、浅草から今井までの通船舟道、新川開削時期、古川、浅草からの行徳道、行徳の地名の由来等々見るべきものがあるが、武蔵国中心のため、葛飾三地誌には含めない。

徳川家康の江戸入り後二百三十一年後の刊行。

❖『江戸名所図会』（えどめいしょずえ）

編者は江戸神田の名主斎藤氏。斎藤長秋、斎藤県麻呂、斎藤月岑の三代にわたる労作。原本は全七巻で二十冊に分けられ、天保五年（一八三四）に前半の十冊、天保七年（一八三六）に後半の十冊が刊行された。市川市域は最後の二十冊目に記載されている。

現代でいうと豪華な写真付きの観光ガイドブックといったところ。

市川市域は最後の二十冊目に記載され、松戸、行徳、国府台、八幡、船橋が載っている。

筆者が本書のために使用したものは、原田幹校訂『江戸名所図会・下』（人物往来社／昭和四十二年〈一九六七〉五月一日刊行）。

また、『原寸復刻 江戸名所図会』（評論社／一九九六年十二月二十日刊行）もある。行徳領全域を俯瞰したとはいい難いので葛飾三地誌には含めていない。徳川家康の江戸入り後二百四十六年後の刊行。明治維新の三十年ほど前の刊行になる。

❖『現代語訳成田参詣記』

大本山成田山新勝寺　成田山仏教研究所　平成十年四月二十八日発行。「発刊の辞」より抜粋。

『成田参詣記』全五巻は、『成田名所図会』ともいわれ、江戸時代の末期に当山の寺侍でありました中路定俊、定得父子二代にわたり、多年を費やしてまとめられた苦心の労作とされております。

本書著作の基礎を据えたとされる中路定俊は、文化・文政時代前後の頃の人で、丁度この頃は徳川時代が政治的に安定していた時であり、江戸の町人を中心とする化政文化といわれる庶民文化が花開いた時代であります。しかし、諸国に天変地異が相次ぎ、それにともなう飢饉や流行り病が蔓延し、さらに一揆や打ちこわしが各地に頻発し、人心は穏やかではありませんでした。こうしたことが背景となってこの頃各地の霊地、霊場への参拝が盛んとなり、成田詣りが大変な活況を呈して参ります。

本書は、このような時代、成田山に参詣するご信徒の皆様のために、参詣途上にある各地の名所旧跡案内の手引き書として編纂された名著であります。しかし近年では、入手困難な稀書となっておりました。

このたび成田山仏教研究所（中略）、当山開基一〇六〇年、開山寛朝大僧正一〇〇〇年御遠忌記念出版として、ここにこの名著が現代語訳され蘇る事になりましたことは、誠に欣快といたすところであります。

（後略）

「現代語訳版刊行によせて」より抜粋。

現在、成田山に参詣される方で、今から百四十年も前の幕末の安政五年に、『成田参詣記』五巻という立派な案内記が刊行されていたのをご存じでしょうか。

この書物は研究者や愛好家の間では高く評価され、昭和四八年以降でも既に二回も出版されています。ただし、文章が難しく、漢文資料の引用なども多いので、興味本位からは近づきにくく、その結果、一般には殆ど知られないままになっていました。

私は予てからこのことを遺憾に思い、なんとか、成田とご縁のある方々だけにでも、読み易くして提供できないかと思案のすえ、原文は現代語訳、そして漢文は訓み下すという一つの方式を思いつきました。（中略）参詣記の本文が成稿し、当代の貫主照嶽が刊行のために序を書いたのが嘉永七年の事で、その後間もなく、ごく少部数が刊行されたようです。（中略）元来、板木は一つなのですが、部分的に改変が加えられています。そして、この改変のある方の本の外題は、間もなく「成田名所図会」に改められました。

いま、ここでは、内題・外題ともに「成田参詣記」とあり、安政五年の刊記をもち、本文に若干改変の加えられた本を「成田参詣記」の定本として扱います。「成田名所図会」とある外題をとって、この本の書名とすることが今は一般的のようですが、詳細は解説にある通り、それを原書名と認めることは出来ません。

（後略）

❖『遊歴雑記初編1』

十方庵敬順著　朝倉治彦校訂　平凡社　一九八九年四月一七日発行。

十方庵敬順は僧侶で、東京都文京区水道二丁目の東本願寺派本法寺地中の廓然寺《かくねんじ》（今はない）が住まいだった。敬順の生年は宝暦十二年（一七六二）と推定され、没年は天保三年（一八三二）七十一歳だったから、『勝鹿図志手くりふね』の著者行徳金堤とほぼ同時期を生きた人です。

敬順は文化九年五一歳で隠居、煎茶の好きな老僧で、茶道具一式を持参して田舎へ出かけては茶を飲み、働く人々から話を聞いた。

文化十一年（一八一四）『遊歴雑記初編』を刊行。金堤の『勝鹿図志手くりふね』はその前年の文化十年刊行だった。『葛飾誌略』は文化七年の刊行。

参考文献

『広辞苑（第四版）』新村出編　岩波書店　一九九一年一一月一五日発行
『新版漢語林』鎌田正・米山寅太郎共著　大修館書店　一九九四年四月一日発行
『福武古語辞典』井上宗雄・中村幸弘編　福武書店　一九八八年九月発行
『影印・翻刻・注解　勝鹿図志手繰舟』高橋俊夫編　崙書房　一九八〇年七月三〇日発行
『勝鹿図志手ぐり舟』宮崎長蔵著　ホビット社　一九九〇年九月二九日発行
『房総叢書』（第六巻）所収『葛飾誌略』房総叢書刊行会　一九四一年一一月一〇日発行
『「葛飾誌略」の世界』鈴木和明著　文芸社　二〇一五年四月一五日発行
『燕石十種』（第五巻）所収『葛飾記』岩本活東子編　中央公論社　一九八〇年五月三〇日発行
『「葛飾記」の世界』鈴木和明著　文芸社　二〇一五年一一月一五日発行
『千葉県東葛飾郡誌（二）』復刻版　千秋社　一九八八年一〇月五日発行
『江戸名所図会・下』人物往来社　一九六七年五月一日発行
『現代語訳成田参詣記』大本山成田山新勝寺　一九九八年四月二八日発行
『遊歴雑記初編1』十方庵敬順著　朝倉治彦校訂　平凡社　一九八九年四月一七日発行
『市川市史』（第二巻）市川市史編纂委員会　一九七三年三月三一日発行

国民の文学2『万葉集』土屋文明訳　河出書房新社　一九六三年一〇月二三日発行
『船橋市史』現代編　船橋市役所
『船橋市史』前編　船橋市役所　一九五九年三月一日発行
『明解　行徳の歴史大事典』鈴木和明著　文芸社　二〇〇五年三月一五日発行
『行徳歴史街道3』鈴木和明著　文芸社　二〇一〇年三月一五日発行
『行徳歴史街道5』鈴木和明著　文芸社　二〇一六年四月一五日発行
『郷土読本　行徳の歴史・文化の探訪1』鈴木和明著　文芸社　二〇一四年七月一五日発行
『十返舎一九の房総道中記』鶴岡節雄校注　千秋社　一九八四年三月一〇日発行
『一茶全集第三巻句帖Ⅱ「七番日記」』信濃毎日新聞社　一九七六年一一月三〇日発行
『寛政三年紀行』
『一茶漂泊―房総の山河』井上脩之介著　崙書房　一九八二年四月一〇日発行

あとがき

『勝鹿図志手くりふね』の解説本は、鈴木さんの手によるべきです、と好意的に強く薦めていただいた方がおられました。鈴木さんは行徳金堤の子孫の一人だからそうされた方が良い、ともおっしゃいました。

また『「葛飾記」の世界』編集途中で急逝した編集者がベッドの上で亡くなる最後の時まで筆者の原稿の編集作業をされていたということを聞き、大きな衝撃をうけました。

それらのお声と熱意に背中を押されて今後の執筆に取り掛かる前に、筆者の身の回りの整理を実行することにしました。

すでに七十五歳の誕生日が過ぎ、わが鈴木家の過去最長年齢となった筆者は年齢という目標の一つを達成したわけですが、次なる目標は『「勝鹿図志手くりふね」の世界』の執筆と刊行になりました。目標を持つということは人間何歳になっても生きる縁《よすが》となるものなのです。

また、刊行予定の執筆計画はその他にもいくつかありました。そのため執筆時間と環境をいままで以上に確保するために神社の氏子総代職を退任する決心をしました。氏子各位から負託された総代職を辞することは筆者にとってとても大きな決断でした。総代の責務はとても重要なものだという認識があったからです。単なるボランティアでは決してないからです。

これから先、三年、五年とどれだけの執筆が可能なのか、健康第一で生活習慣を整えて執筆に勤《いそ》しみたいと思っています。筆者の人生最後であろうラストスパートをするために、著作と刊行という一つの目標と結果を得るために、総代職という一つのことを辞めることにしたのです。

本の題名は「手くりふね」「手ぐり舟」「手繰舟」と三種類の表記があります。読みは「てくりふね」でよいと筆者は思うのですが、日常生活で使用する「手繰」の読みは「たぐ（る）」でしょう。金堤は全国処々に散らばっている俳人たちの詠んだ句を「たぐり」寄せて「図志」を完成させました。ただ、新井村の隣村の浦安の猟師の漁法に江戸時代からてぐり網（手繰網）があり、海底から三人の猟師が引網を手で引き上げる漁法でした。手繰舟《たぐりぶね》とは漁網《ぎょもう》の浮子縄《うけなわ》をたぐりよせる小さい漁船と辞書にあり、手繰網はたぐりあみという読みですが、浦安ではてぐりあみといったのです。

金堤は新井村の名主で、文中に「手繰舟」の表記もありますが、「手くりふね」の表題を見ると「てくりふね」と読ませたかったと思うのです。「たぐりぶね」と濁音が入るよりも「俳人」らしい読みではありませんか。でも、実際の金堤の著作の目的は「かつしかの浦」の言葉を広めるために、全国の俳人が詠んだ句を「たぐり」寄せることだったと筆者は確信しているのです。

最後に『勝鹿図志手くりふね』に掲載された俳人数と句数について述べておきます。

江都（江戸）四二名、相模一二名、遠江三名、三河二名、尾張九名、伊勢一名、近江三名、皇都（京都）二名、難波三名、姫路一名、伊予一名、肥後一名、甲斐一〇名、信濃八名、越中一名、越後一七名、飛騨三名、武蔵六名、葛西三名、上野八名、下野四名、常陸一三名、陸奥七名、出羽四名、安房六名、上総八名、下総二五名、行徳二八名の合計二三一名、二三五句。漢詩一名、二篇。

金堤の著書の印刷部数は少なくとも三〇〇部以上だったと思われます。配り本だからです。それとも五〇〇部ほどにもなったでしょうか。

「かつしかの浦」という「ことのは（言の葉）」を世に広めるために、嬉々として著書を配り歩く金堤の姿が想像されます。

はたして現代の出版記念パーティのような催しは開催されたのでしょうか。

二〇一六年九月吉日

鈴木和明

［み］

［や］

［ゆ］

［よ］

［り］

［れ］

［ろ］

［わ］

［さ］

［し］

［す］

［そ］

［た］

［つ］

［き］

［く］

［け］

［こ］

索　引

著者プロフィール

鈴木 和明（すずき かずあき）

1941年、千葉県市川市に生まれる。

南行徳小学校、南行徳中学校を経て東京都立上野高等学校通信制を卒業。

1983年、司法書士試験、行政書士試験に合格。翌1984年、司法書士事務所を開設。1999年、執筆活動を始める。

南行徳中学校PTA会長を2期務める。新井自治会長を務める。

市川博物館友の会会員。新井熊野神社氏子総代（2016年3月末まで）。

趣味：読書、釣り、将棋（初段）

著書に『おばばと一郎1～4』『行徳郷土史事典』『明解　行徳の歴史大事典』『行徳歴史街道1～5』『郷土読本　行徳　塩焼の郷を訪ねて』『郷土読本　行徳の歴史・文化の探訪1～2』『「葛飾誌略」の世界』『「葛飾記」の世界』『僕らはハゼっ子』『江戸前のハゼ釣り上達法』『天狗のハゼ釣り談義』『ハゼと勝負する』『HERA100　本気でヘラと勝負する』（以上、文芸社刊）『20人の新鋭作家によるはじめての出版物語』（共著、文芸社刊）などがある。

http：//www.s-kazuaki.com

『勝鹿図志手くりふね』の世界

2016年11月15日　初版第1刷発行

著　者　鈴木 和明
発行者　瓜谷 綱延
発行所　株式会社文芸社
〒160-0022　東京都新宿区新宿1－10－1
電話　03-5369-3060（代表）
03-5369-2299（販売）

印刷所　株式会社フクイン

ISBN978-4-286-17738-0

『行徳歴史街道２』

いにしえの行徳の有り様とそこに生きる人々を浮き彫りにした第２弾。行徳の生活史、産業史、風俗史、宗教史、風景史など、さまざまな側面からの地方史。考証の緻密さと文学的興趣が織りなす民俗誌の総体。

四六判 262 頁
定価 1,512 円（税込み）

『行徳歴史街道３』

行徳塩浜の成り立ちとそこに働く人々の息吹が伝わる第３弾。古代から貴重品であった塩、その生産に着目した行徳の人々。戦国時代末期には塩の大生産地にもなった。歴史の背後に息づく行徳民衆の生活誌。

四六判 242 頁
定価 1,512 円（税込み）

『行徳歴史街道４』

小林一茶、滝澤馬琴、徳川家康など行徳にゆかりの深い先人たちを登場させながら、災害と復興の伝説・民話の誕生から歴史を紐解く第４弾。

四六判 218 頁
定価 1,512 円（税込み）

『行徳歴史街道５』

行徳に生きた人々が遺した風習、伝統、記録はこれからを生きる私たちに「智慧」をもたらす。身近な歴史から学ぶ「行徳シリーズ」第５弾。

四六判 242 頁
定価 1,512 円（税込み）

鈴木和明著既刊本　好評発売中！

『僕らはハゼっ子』

ハゼ釣り名人の著者が、ハゼの楽園江戸川の自然への愛情と、釣りの奥義を愉快に綴ったエッセイ集。

四六判 88 頁

定価 864 円（税込み）

『江戸前のハゼ釣り上達法』

江戸川でハゼを釣ること 16 年。1 日 1000 尾釣りを目標とし、自他ともに認める“ハゼ釣り名人”がその極意を披露。ハゼ釣りの奥義とエピソードが満載！

四六判 196 頁

定価 1,404 円（税込み）

『天狗のハゼ釣り談義』

自分に合った釣り方を開拓して、きわめてほしいという思いをこめ、ハゼ釣り名人による極意と創意工夫がちりばめられた釣りエッセイ。釣り人の数だけ釣り方がある。オンリーワン釣法でめざせ 1 日 1000 尾!!

四六判 270 頁

定価 1,512 円（税込み）

『ハゼと勝負する』

1 日 1000 尾以上を連続 22 回達成。限られた釣りポイントでも、釣り師にとって、日々変化する環境に対応して生きるハゼを、どのような釣技でとらえていくのか。その神がかり的釣果の記録をまとめた一冊。

四六判 200 頁

定価 1,296 円（税込み）

『HERA100　本気でヘラと勝負する』

テクニックを追求すればキリがないほど奥の深いヘラブナ釣り。1日 100 枚。常識を超えた釣果の壁を破る！　釣果を期待したい人はもちろん、幅広い釣り人の要求に応えるコツが満載の痛快釣りエッセイ。

四六判 298 頁

定価 1,512 円（税込み）